Reiseführer

Dubai

und Vereinigte Arabische Emirate

von Henning Neuschäffer und Elisabeth Schnurrer

ADAC Top Tipps

Das müssen Sie gesehen haben! Die zehn Top Tipps bringen Sie zu den absoluten Highlights.

ADAC Empfehlungen

Unterwegs gut beraten: Diese 25 ausgesuchten Empfehlungen machen Ihren Urlaub perfekt.

Preise für ein DZ mit Frühstück:
€ | bis 400 AED
€€ | bis 620 AED
€€€ | ab 620 AED

Preise für ein Hauptgericht:
€ | bis 40 AED
€€ | bis 65 AED
€€€ | ab 65 AED

Intro

Impressionen ... 4
Auf einen Blick ... 9

ADAC Quickfinder

Das will ich erleben ... 10

Hier finden Sie die Orte, Sehenswürdigkeiten und Attraktionen, die perfekt zu Ihnen passen.

Unterwegs

Abu Dhabi ... 16
1 Abu Dhabi (Stadt) ... 18
2 Falkenkrankenhaus ... 31
3 Kamelrennbahn Al Wathba ... 31
4 Al Ain ... 32
5 Rub al-Khali ... 39
Übernachten ... 41

Dubai ... 42
6 Dubai (Stadt) ... 44
7 Hatta ... 71
Übernachten ... 74

Sharjah ... 76
8 Sharjah (Stadt) ... 78
9 Sharjah Desert Park ... 88
10 Al Hefaiyah Mountain Conservation Centre ... 89
11 Kalba ... 90
12 Khor Fakkan ... 91
Übernachten ... 93

Ajman, Umm al-Quwain und Ras al-Khaimah ... 94
13 Ajman ... 96
14 Umm al-Quwain ... 99
15 Al Marjan Island ... 100
16 Jazirat al-Hamra ... 100
17 Ras al-Khaimah (Stadt) ... 102

20

8

18 **Jebel Jais** 106
19 **Khatt** 107
20 **Masafi** 108
Übernachten 109

Fujairah 110

21 **Fujairah (Stadt)** 112
22 **Bithna** 115
23 **Bidiyah** 116
24 **Al Aqqa** 118
25 **Dibba** 118
Übernachten 120

Service

Dubai und Vereinigte Arabische Emirate von A–Z 122

Alle wichtigen reisepraktischen Informationen – von der Anreise über Notrufnummern bis hin zu den Zollbestimmungen.

Festivals und Events 126
Chronik 136
Mini-Sprachführer 137
Alle Blickpunkt-Themen in diesem Band 138
Register 138
Bildnachweis 141
Impressum 142
Mobil vor Ort 144

Zu diesen Orten und Sehenswürdigkeiten finden Sie Detailkarten im Innenteil des Reiseführers.

Umschlag:

ADAC Top Tipps: Vordere Umschlagklappe, innen 1

ADAC Empfehlungen: Hintere Umschlagklappe, innen 2

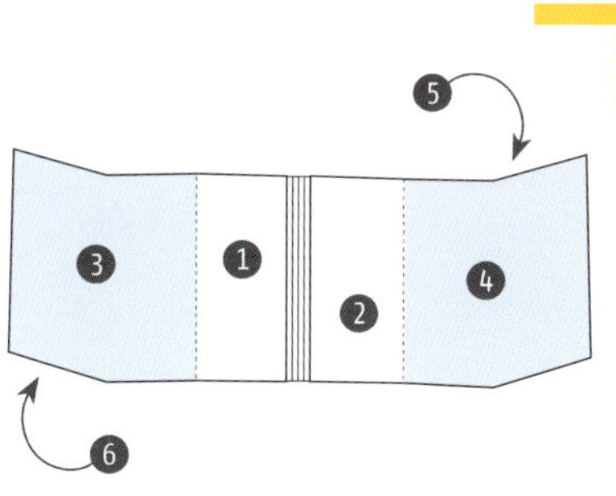

Übersichtskarte VAE Süd: Vordere Umschlagklappe, innen 3
Übersichtskarte VAE Nord: Hintere Umschlagklappe, innen 4

Stadtplan Dubai (Altstadt): Hintere Umschlagklappe, außen 5
Ein Tag in Abu Dhabi: Vordere Umschlagklappe, außen 6

Weltoffenes Arabien mit spannenden Facetten

In nur wenigen Jahren haben sich die Vereinigten Arabischen Emirate zu einem der beliebtesten Urlaubsziele entwickelt

Märchenhaft schön ist die Sheikh Zayed Grand Mosque in Abu Dhabi

Es ist noch nicht so lange her, da hörte man auf die Ankündigung eines Urlaubs in den Emiraten die Frage: »Wo ist das denn?« Dann eröffnete in Dubai das inzwischen weltberühmte Hotel Burj al-Arab, dessen Erfolg neben seinem verschwenderischen Luxus darin liegt, dass man seine Silhouette mit nur zwei Strichen zu Papier bringen kann und fast jeder es sofort erkennt. Aber halt, es ist nicht fair, die VAE nur auf Dubai mit seiner formidablen Hotellerie und futuristischen Wolkenkratzern zu reduzieren. Das gesamte Land hat in den letzten Jahren einen Quantensprung in der Tourismusentwicklung hingelegt, der seinesgleichen sucht. Auf fast jedem Gebiet, sei es Kultur, Natur, Sport oder Kunst, haben die Emirate eine dermaßen umfassende Palette an Freizeit- und Erholungsmöglichkeiten geschaffen, dass fast alle Erwartungen erfüllt werden können. Ein Höhepunkt dieser Entwicklung: die EXPO 2020.

Entspannung im Sonnenland

Die meisten Europäer kommen während der Wintermonate Oktober bis März, wenn sich die Temperaturen auf

angenehme 28–30 °C einpendeln und die Bedingungen ideal sind für jede Art von Outdoor-Aktivität. Wassersport wird entlang der Küsten in jeder Form reichlich angeboten: Jetski, Surfen, Flyboarden, Kanufahren oder Paddeln in den Mangroven von Kalba. Die seichten Ufer der hellen Sandstrände sind ein idealer Spielplatz für kleine Wasserratten. Spannende Aufregung versprechen die großen Wasserparks mit ihren rekordverdächtigen Rutschen. Taucher dagegen schwärmen von der abwechslungsreichen Unterwasserwelt der emiratischen Ostküste. Im Inland locken die felsigen Wadis des schroffen Hajar-Gebirges mit anspruchsvollen Strecken für Mountainbiker, herrlichen Tälern mit kleinen Oasen, die man zu Fuß oder mit dem Geländewagen erkunden kann, und dann ist da noch die längste Seilrutsche der Welt am Jebel Jais, dem höchsten Berg der Emirate. Für Tierfreunde lohnen sich Ausflüge ins ländliche Hinterland ebenfalls. Im Sharjah Desert Park etwa lassen sich Oryx-Antilopen, Affen und

Freizeitvergnügen für jeden Geschmack, ob in einem Wasserpark in Dubai (oben) oder bei einer Radtour in Sharjah (unten)

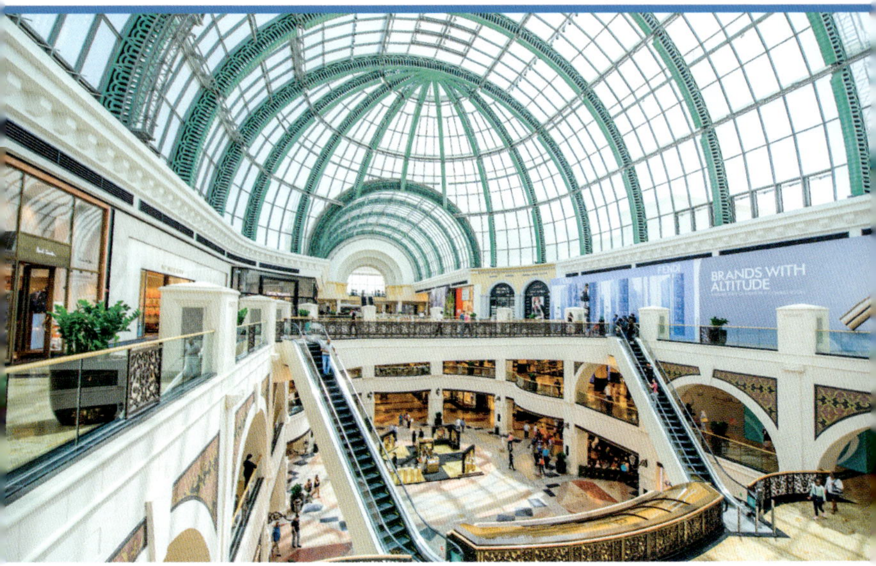

Mall of the Emirates in Dubai (oben) – exotische Tiere im Al Ain Zoo (Mitte) – Kunst im Louvre Abu Dhabi (unten)

sogar Geparde studieren, und mit etwas Glück bekommt man im Zoo von Al Ain, der sich dem Schutz bedrohter Arten widmet, einen der seltenen Arabischen Leoparden zu Gesicht. Einer der schönsten und faszinierendsten Naturräume ist zweifelsohne die Wüste mit ihren grandiosen Dünenformationen. Wie gut, dass sich die größte Sandwüste der Erde, das »Leere Viertel«, bis tief in das Hinterland der VAE erstreckt und wunderbare Ausflugsmöglichkeiten bietet. Wer nach meditativer Stille sucht, findet sie mit Sicherheit in den herrlichen Wüstencamps von Abu Dhabi, Dubai oder Ras al-Khaimah.

Alte Kultur auf neuen Höhenflügen

Einer der geläufigsten Begriffe für die Emirate lautet »Wüstenstaat«, dementsprechend sind unsere Vorstellungen von einer einfachen Bevölkerung, die bis zum Beginn des Ölbooms in den 1960er-Jahren auf Kamelen durch die Wüste zog oder im Schatten der

Dattelpalme ein karges Leben führte. Umso überraschter waren Archäologen daher, als sie in den 1960er-Jahren die Gräber einer Hochkultur aus dem 3. Jt. v. Chr. fanden, deren Handelskontakte bis in das weit entfernte Mesopotamien (heute Irak) reichten. Kulturinteressierte Besucher können die eindrucksvollen Gräber und ihre Beigaben in Parks und Museen bewundern. Überhaupt weisen die Emirate eine überraschende Dichte an Museen und Galerien auf, und zu bestaunen gibt es fast alles von haushohen Automobilen über historische Alltagsgegenstände bis hin zu moderner Kunst in spektakulärer Architektur wie dem Louvre Abu Dhabi.

Wie man Shopping erfolgreich zum Event macht, zeigt sich in Dubai. Die Shoppingmalls gleichen dort (wie mittlerweile überall im Land) eher großen Freizeitzentren, wo man alles bekommt. Trotzdem erfreuen sich auch die traditionellen Suqs in den Altstadtvierteln von Dubai oder Abu Dhabi weiterhin großer Beliebtheit.

Wer seine Vergangenheit nicht kennt, kann aus seiner Gegenwart und Zukunft nicht das Beste machen, denn es ist die Vergangenheit, aus der wir lernen. «

Sheikh Zayed bin Sultan al-Nahyan

Einheit in Vielfalt

Die einzige Staatenföderation der islamischen Welt wurde 1971 aus der Taufe gehoben und besteht aus den sieben Emiraten Abu Dhabi, Dubai, Sharjah, Ajman, Umm al-Quwain, Ras al-Khaimah und Fujairah. Insgesamt leben hier rund 10 Mio. Menschen, davon lediglich

Auf Mini-Kreuzfahrt im Madinat Jumeirah mit Blick auf den Burj al-Arab in Dubai

zehn bis 15 Prozent einheimische Emiratis. Alle anderen sind Ausländer: überwiegend Inder, Pakistani, Bangladeshi, seltener auch Briten und andere westliche »Expats«, die hier ihren Lebensunterhalt verdienen. Die hohe Zahl von Fremdarbeitern ist eines der gemeinsamen Merkmale der Emirate, ansonsten hat jedes ein eigenes Profil entwickelt. In der Hauptstadt Abu Dhabi etwa laufen die Fäden der Macht zusammen, Dubai ist Handelszentrum und Tourismushochburg, Sharjah gilt dank seiner vielen Museen als Kulturhauptstadt, Ajman ist für seinen traditionellen Dhau-Bau bekannt, und Umm al-Quwain genießt bei Bankern und Vogelbeobachtern weltweit einen guten Ruf. Das Emirat Ras al-Khaimah trat der Föderation erst 1972 bei – es hatte auf eigene Ölvorkommen gehofft – und bietet seinen Gästen einen Einblick in die wiederbelebte Tradition der Perlenzucht. Fujairah schließlich, das einzige Emirat im Osten am Golf von Oman, bezaubert mit abwechslungsreicher Natur und Tauchrevieren.

Religion und Toleranz

Der Islam ist Staatsreligion. Er bestimmt das öffentliche Leben, selbst wenn in den großen Städten die allgegenwärtigen Moscheen häufig im Schatten moderner Wolkenkratzer verschwinden. Am deutlichsten wird die Bedeutung des Islam wohl beim Ruf des Muezzins, der die Gläubigen fünfmal am Tag zum Gebet ruft. Nicht-Muslimen legt die religiöse Überzeugung indes keine nennenswerten Einschränkungen auf. Es wird jedoch erwartet, dass sie sich in der Öffentlichkeit nicht allzu

Eine Stadt in der Stadt: an der supermodernen Dubai Marina

freizügig kleiden und sich zurückhaltend benehmen. Auch die Frage des vermeintlich vom Koran verbotenen Alkoholgenusses ist tolerant gelöst, so gut wie alle großen Hotels in den Emiraten schenken in ihren Restaurants Alkoholisches aus. Eine Ausnahme bildet das Emirat Sharjah, auf dessen Staatsgebiet keine berauschenden Getränke verkauft werden dürfen. Bei westlichen Neuankömmlingen sorgt mitunter der Anblick der zahlreichen schwarz verhüllten Frauen für Irritation. Die zunächst ungewohnte Kleidung ist aber kein Grund, respektlos zu gaffen oder gar ungefragt zu fotografieren. Hält man sich an solche einfachen Regeln, steht unbeschwerten Urlaubstagen unter strahlender Sonne und meist blauem Himmel in den Emiraten nichts im Wege.

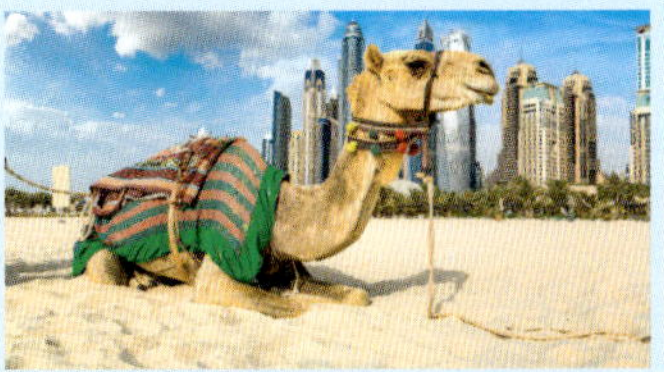

Hauptstadt Abu Dhabi (ca. 1,5 Mio. Einw.)

Fläche 83 600 km² (etwa so groß wie Österreich)

Einwohner 9,2 Mio., davon allein 3,1 Mio. in Dubai (Stadt)

Sprache Amtssprache ist Arabisch, Englisch ist aber weitverbreitet

Währung VAE-Dirham (AED)

Staatsform Föderation von sieben Emiraten mit gemeinsamer Außen-, Finanz- und Verteidigungspolitik, aber weitestgehend innenpolitischer Autonomie

Religion Islam, überwiegend Sunniten, ca. 14 % Schiiten

Tourismus 20,7 Mio. Ankünfte (2017), Tendenz steigend

Zeitzone Gulf Standard Time (GST), Zeitunterschied zur MEZ im Winter +3 Std., im Sommer +2 Std.

Wichtigste Vokabeln »Taffaddal« bedeutet frei übersetzt »sei willkommen« – die Emiratis sind sehr hilfsbereit und gastfreundlich

Darin sind die Emiratis Weltspitze Im Pferderennsport: Die VAE tragen mit der »Dubai World Cup Night« nicht nur den mit 26 Mio. US$ höchstdotierten Renntag der Welt aus, sie besitzen mit Godolfin eines der erfolgreichsten Gestüte weltweit.

Das will ich erleben

Die Emirate haben sehr viel mehr zu bieten, als es auf den ersten Blick scheinen mag. Oder hätten Sie erwartet, unter der Sonne Arabiens eine Skipiste hinunterwedeln zu können? Dazu kommt natürlich ein breites Spektrum von Wassersportmöglichkeiten an den vielen Stränden, und bei historischen Artefakten muss sich das Land ebenfalls nicht verstecken. Denn bereits 3000 v. Chr. waren die VAE Teil eines internationalen Handelsimperiums mit einer etablierten Hochkultur. Schroffe Berge laden zu Abenteuern, und wer die Stille sucht, wird einen Besuch in der größten Sandwüste der Erde nicht vergessen.

Interessante Museen

In den Emiraten gibt es seit einigen Jahren eine kontinuierlich wachsende Kunstszene, die sowohl lokalen als auch internationalen Künstlern eine Plattform bietet. Zahlreiche Galerien und Museen begeistern durch umfangreiche Ausstellungen oder ihre einzigartige Architektur.

1 Louvre Abu Dhabi, Abu Dhabi (Stadt) ... 30
Allein die Architektur ist schon den Besuch wert

6 Dubai Financial Centre,Dubai (Stadt) ... 56
Im Finanzviertel hat auch die Kunst etwas zu sagen

6 Alserkal Avenue, Dubai (Stadt) ... 56
Ein Industriekomplex wandelt sich zur Kunstoase

8 Arts Area, Sharjah (Stadt) ... 79
Neue Kunst in historischen Gebäuden

Vielfältige Natur

Von wegen nur Wüste! Von der herrlichen Bergwelt des Hajar-Gebirges mit sattgrünen Tälern bis zu den wunderschönen Küsten und den Dünen, die zur größten Sandwüste der Erde gehören, bieten die Emirate eine ebenso überraschende wie faszinierende Vielfalt.

4 Jebel Hafeet, Al Ain ... 37
Herrlicher Blick auf Dünen und wasserreiche Oasen

5 Rub al-Khali ... 39
Eine Wüste mit Farbenspiel von Weiß bis Rot

7 Hatta ... 71
Frische Bergluft für die Lungen

18 Jebel Jais ... 106
Abenteuer am höchsten Gipfel der Emirate

Genuss auf Arabisch

Araber essen gerne und gerne ausgiebig. Wenn gekocht wird, dann reicht es locker für die doppelte Anzahl der Gäste und man sollte nicht den Fehler machen, zu viel von den leckeren Vorspeisen zu essen.

4 Leisure Center, Al Ain 38
Richtig gegrillt, ist Kamelfleisch zart und saftig

6 Bastakiah Nights, Dubai (Stadt) 55
Wie einst die Perlenhändler speisen

6 Al Hadheerah, Dubai 70
Arabisches Allround-Erlebnis

17 Bedouin Oasis, Ras al-Khaimah 105
Wüstenflair am Lagerfeuer

Spannung für Groß und Klein

Wer mit Kindern reist, muss die eigenen Wünsche manchmal hintanstellen. In den Emiraten kann das aber ein Glücksfall sein, denn da wo Kinderaugen strahlen, schlägt auch so manches Erwachsenenherz wieder höher, weil es sich an alte Zeiten erinnert oder selbst Neues entdeckt.

1 Ferrari World, Abu Dhabi (Stadt) 28
Die schnellste Achterbahn der Welt und vieles mehr

6 Wild Wadi, Dubai (Stadt) 64
So viel Spaß mit Wasser gibt es selten

9 Sharjah Desert Park, Sharjah 88
Für kleine Besucher gibt es einen Streichelzoo

Einkaufslust

Emiratische Malls üben eine besondere Faszination aus. Das liegt nicht nur an ihrem überbordenden Warenangebot, sondern auch an den immer wieder wechselnden, raffiniert gestalteten Dekorationen der Schaufenster.

1 Yas Mall, Abu Dhabi (Stadt) 29
370 Geschäfte, da findet mit Sicherheit jeder etwas

6 The Dubai Mall, Dubai (Stadt) 60
Die »Mutter« aller modernen Einkaufszentren

6 Mall of the Emirates, Dubai (Stadt) 64
Das gibt es nur in Dubai – eine Mall mit Skihalle

8 Safeer Mall, Sharjah (Stadt) 87
Etwas kleiner, aber mit einer guten Auswahl

Sonnenuntergänge vom Feinsten

Trotz kurzer Dämmerungsphase haben die Sonnenuntergänge in den Emiraten ihren Reiz. Und die lassen sich z.B. bei einem Picknick doppelt genießen.

4 Jebel Hafeet, Al Ain ... 37
Weit schweift der Blick im weichen Abendlicht

5 Liwa-Oasen, Rub al-Khali ... 39
Der ideale Ort für ein Sonnenuntergangspicknick

6 Burj Khalifa, Dubai (Stadt) ... 56
An einem klaren Tag hat man grandiose Weitsicht

17 Flamingo Beach, Ras al-Khaimah ... 106
Der Klassiker – Sonnenuntergang über dem Meer

Entspannung auf Promenaden

Das warme Licht glitzert im Wasser, die Hitze des Tages weicht einer angenehmen Wärme. Sie lädt Einheimische und Gäste zu einem entspannten Spaziergang auf den schön angelegten Promenaden ein.

1 Corniche, Abu Dhabi (Stadt) ... 20
Flanieren im Schatten moderner Wolkenkratzer

6 Dubai Creek, Dubai (Stadt) ... 44
Spiegelnde Fassaden im orangen Abendlicht

6 Dubai Marina, Dubai (Stadt) ... 68
Buntes Treiben an der Hafenpromenade

8 Al Qasba, Sharjah (Stadt) ... 88
Cafés und Restaurants laden zum Verweilen ein

Sport, von sanft bis rasant

Entweder man wird hier selbst aktiv, schaut anderen bei ihren sportlichen und bisweilen halsbrecherischen Aktionen zu oder wirft einen Blick hinter die Kulissen.

1 Yas Marina Circuit, Abu Dhabi (Stadt) ... 28
Spazieren, wo sonst Boliden rasen

5 Moreeb-Düne, Rub al-Khali ... 40
Mit Allradkraft die Düne hinauf

6 Meydan Racecourse, Dubai (Stadt) ... 60
Zu Besuch beim Stolz der Emiratis

6 Ski Dubai, Dubai (Stadt) ... 65
Wintersport ist auch in Dubai möglich (Bild links)

Bollwerke der Herrschaft

Einst sicherten sie den Herrschaftsanspruch der Regenten gegen äußere Feinde oder die eigene Familie, danach dienten sie zeitweise als Polizeistationen oder Gefängnisse. Heute sind sie Zeugnis vergangener Tage und ein fester Bestandteil des historischen Stadtbilds.

1 Qasr al-Hosn, Abu Dhabi (Stadt) 25
Oase der Ruhe in der Schachbrettstadt

6 Dubai Museum, Dubai (Stadt) 53
Einzige Festung mit Kellergeschoss

13 Ajman Museum, Ajman (Stadt) 96
Lebensechte Puppen als historische Statisten

17 Nationalmuseum, Ras al-Khaimah 103
Bollwerk im ehemaligen Piratennest

Strandvergnügen

Am Arabischen Golf hat es wunderbare und unverbaute Sandstrände, an der Ostküste säumen die steilen Klippen des Hajar-Gebirges die Küstenlinie.

1 Insel Saadiyat, Abu Dhabi (Stadt) 30
Einsame Strände neben Mangrovenwäldern

6 Jumeirah Public Beach, Dubai (Stadt) .. 63
Mit Blick auf die Hotelikone Burj al-Arab

17 Hulayla Beach, Ras al-Khaimah 106
Lange Sandstrände zum Spazierengehen

21 Umbrella Beach, Fujairah 115
Feiner Sand vor Felskulisse

Quirlige Märkte

Die hypermodernen Shoppingmalls haben die kleinen Märkte nicht verdrängen können. Dort gilt noch »Al-ajala min ash-shaitan« – die Eile ist des Teufels.

4 Kamelmarkt, Al Ain 36
Auch für Nicht-Käufer ein spannendes Erlebnis

6 Gewürzsuq, Dubai (Stadt) 45
Lassen Sie sich zu herrlichen Düften leiten

8 Heritage Area, Sharjah (Stadt) 80
Zeitverloren im schön restaurierten Suq Al Arsah

8 Fischsuq, Sharjah (Stadt) 82
Fröhlicher Markt mit langer Tradition

Unterwegs

Von pulsierenden Metropolen bis zur faszinierenden, menschenleeren Wüstenlandschaft: Die Vereinigten Arabischen Emirate bieten ihren Besuchern eine einzigartige Vielfalt

Abu Dhabi – von Wüstensöhnen und Bankern

Das Emirat wartet auf mit herrlichen Stränden, atemberaubender Architektur und grünen Oasen zwischen herrlichen Sanddünen

Abu Dhabi ist das flächenmäßig größte der sieben Emirate und verfügt auch über die größten Ölreserven. Während die Hauptstadt gleichen Namens sehr dynamisch ist, geht es im Rest des Emirats eher geruhsam zu. Das gilt selbst für die Gartenstadt Al Ain nahe den Ausläufern des Hajar-Gebirges. Seit 2011 gehört sie zum UNESCO-Welterbe, was sie u.a. ihren etwa 200 Quellen zu verdanken hat. Neben restaurierten Lehmforts zählt ein bekannter Kamelmarkt zu ihren Attraktionen. In der Umgebung lockt der 1180 m hohe Jebel Hafeet, der höchste Berg der Emirate, mit einem Ausblick auf die weite Wüste. Deren Sanddünen lassen sich in ungewohnt schaukelnder Gangart vom Rücken eines Kamels aus bestaunen. »Wüstenschiffe« und mächtige Sandberge bietet auch die Wüste um die Liwa-Oasen, die abenteuerlustige Besucher in Geländewagen erkunden können.

In diesem Kapitel:

1 Abu Dhabi (Stadt) 18
2 Falkenkrankenhaus 31
3 Kamelrennbahn Al Wathba 31
4 Al Ain 32
5 Rub al-Khali 39
Übernachten 41

ADAC Top Tipps:

Sheikh Zayed Grand Mosque, Abu Dhabi (Stadt)
| Moschee |
Dass man mit viel Geld sehr schön bauen kann, beweist diese märchenhaft ausgestattete Ikone des Moscheebaus. 19

Louvre Abu Dhabi, Abu Dhabi (Stadt)
| Kunstmuseum |
Anschaulicher kann ein Gebäude die großen kulturellen Ambitionen einer Stadt und einer Nation nicht symbolisieren. 30

Hili Archaeological Park, Al Ain
| Archäologische Stätte |
»Ein Volk ohne Vergangenheit hat keine Zukunft« – gemäß dieser Devise von Sheikh Zayed wird der Park aufwendig gepflegt. 33

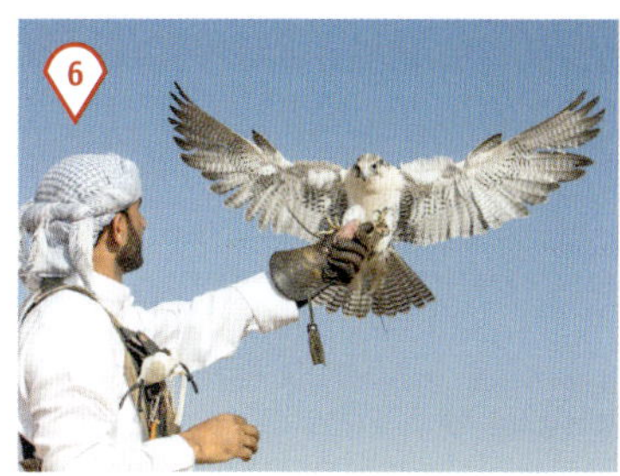

4 **Kamelmarkt, Al Ain**
| Markt |
Das Kamel gehört untrennbar zur kulturellen Tradition der Emirate und der Kamelmarkt lebt das. 36

ADAC Empfehlungen:

Breakwater, Abu Dhabi (Stadt)
| Halbinsel |
Weithin sichtbar weht die Landesflagge über einem der schönsten Aussichtspunkte Abu Dhabis. 21

Emirates Palace Hotel, Abu Dhabi (Stadt)
| Luxushotel |
Wenn Gott in Frankreich lebt, dann macht er mit Sicherheit in diesem Hotel Urlaub. 24

Qasr al-Watan, Abu Dhabi (Stadt)
| Herrscherpalast |
Wer sehen möchte, wie und wo Staatsgäste in den VAE empfangen werden, der betrete diese imposanten güldenen Hallen. 24

Al-Arish, Abu Dhabi (Stadt)
| Restaurant |
Ganz nach Lust und Hunger bestellt man hier Biryan, Gisheed, Ouzi, Majboos und andere Leckereien. 27

Insel Yas, Abu Dhabi (Stadt)
| Vergnügungsinsel |
Eine Insel ganz im Zeichen des Vergnügens und des Motorsports. 28

Falkenkrankenhaus
| Vogelklinik |
Ob gebrochene Schwanzfeder, Magenschmerzen oder wunde Füße, hier wird dem Vogel geholfen. 31

Al Ain Palace Museum, Al Ain
| Museum |
Hier empfing Sheikh Zayed Besucher und Bittsteller, bevor er die VAE gründete und nach Abu Dhabi ging. 34

Al Ain Zoo, Al Ain
| Tierpark |
Der renommierte Zoo trägt zum Erhalt bedrohter Arten bei. 35

Rub al-Khali
| Wüste |
Kaum ein Lebensraum kann so gnadenlos und so schön sein wie die Wüste. 39

Mercure Grand Jebel Hafeet, Al Ain
| Hotel |
Das Hotel hoch über Al Ain bietet einen der schönsten Blicke auf die Dünen der umgebenden Wüste. 41

1 Abu Dhabi (Stadt)

Wolkenkratzer, grüne Parks und Architekturjuwele

Wo sich einst eine kleine Siedllung ausbreitete, ragen heute Wolkenkratzer in die Höhe

Information

■ Abu Dhabi Tourism and Culture Authority, Corniche Rd, Tel. 02/444 04 44, in den VAE gebührenfrei Tel. 800 555, international gebührenfrei Tel. +971 2/666 44 42, www.visitabudhabi.ae, So–Do 7.30–16.30 Uhr; Zweigstellen: Abu Dhabi International Airport, tgl. 7–13, Ferrari World Abu Dhabi, Di–So 11–20, Central Market, tgl. 10–20 Uhr; Insel Yas, Sheikh Khalifa bin Zayed Hwy, Tel. 600 51 11 15, www.yasisland.ae, tgl. 8–20 Uhr

■ Parken: siehe S. 19

Die Hauptstadt (1,3 Mio. Einw.) des Emirats ist gleichzeitig Landeshauptstadt und Regierungssitz der VAE. Sie erstreckt sich auf einer etwa 60 km² großen Insel, die lediglich durch eine schmale Passage vom Festland getrennt ist und nordwestlich in den Persischen Golf ragt.

Innerhalb weniger Jahrzehnte wuchs hier seit den 1960er-Jahren aus einer kleinen Siedlung im Sand eine Stadt empor, deren mehrspurige Straßen von glas- und stahlblitzenden Hochhäusern gesäumt sind, während auf den Märkten geschäftiges Treiben herrscht. Abu Dhabi galt lange als Geschäftsmetropole, doch inzwischen bietet sie dank herrlicher Sandstrände mit Spitzenhotels sowie in-

Plan S. 22/23

ternational hochklassiger Kultur- und Sporteinrichtungen beste Erholungsmöglichkeiten.

Durch den Süden von Abu Dhabi

Eine grandiose Moschee und das schiefste Gebäude der Welt

Bei Ebbe kommt man heute noch am südlichen Ufer Abu Dhabis aufs Festland, die schmale Furt ist nicht sehr tief. Doch das macht kein Mensch mehr, führen doch hochmoderne Brücken hin- und herüber zu den Sehenswürdigkeiten und in die gepflegten Stadtviertel zu beiden Seiten des Ufers.

Sehenswert

1 Suq Qariyat al Beri

| Suq |

Die Bezeichnung »Suq« ist unvollständig, denn man kann hier zwar gut – und luxuriös – einkaufen, aber eben auch edelst dinieren, elegant flanieren, genüsslich »cafétieren« und abends einen Blick auf die beleuchtete Sheikh Zayed Mosque genießen.

■ Khor al Maqta, Bus: Al Maqta Bus Interchange, Tel. 02/558 1670, www.soukqariyatalberi.com, Sa–Do 10–22, Fr 12–24 Uhr

2 Sheikh Zayed Grand Mosque

| Moschee |

1 *Der prachtvolle Moscheebau gehört zu den schönsten der Welt*

Weithin sichtbar erhebt sich die beeindruckende Sheikh Zayed Grand Mosque, die rund 40 000 Gläubigen

ADAC *Mobil*

Abu Dhabi betreibt ein relativ dichtes Netz an **Buslinien** in der Stadt, der Einheitspreis beträgt 2 AED (www.dot.abudhabi.ae/en). **Taxis** sind das gängige Fortbewegungsmittel, da schneller als Busse und nicht teuer. Der Grundpreis beträgt 3,50 AED, jeder gefahrene Kilometer kostet 1,60–1,69 AED. Auf der Halbinsel Breakwater gibt es kostenlose **Parkplätze**, ansonsten regelt das gebührenpflichtige Parksystem **»Mawaqif«** das Parken auf öffentlichen Stellplätzen mit Parkuhren (2–3 AED pro Std. oder 15 AED für 24 Std.).

Gefällt Ihnen das?

Wenn Sie sich für Moscheenarchitektur interessieren, besuchen Sie auch die ebenso große wie elegante **Jumeirah Mosque** (S. 61) in Dubai und die nach osmanischem Vorbild errichtete **Sheikh Zayed Mosque** (S. 113) in Fujairah. Wie schlicht und klein Moscheen auch sein können, zeigt hingegen das leicht zu übersehende Gebetshaus in **Bidiyah** (S. 117) an der Ostküste von Fujairah.

Platz bietet und zu den größten – und auch schönsten – Moscheen der Welt gehört. Mit ihren weißen Kuppeln erinnert sie ein wenig an das Tadsch Mahal, ihre vier eleganten Minarette ragen 115 m in die Höhe. Die Innenräume sind aufwendig mit Malereien, Mosaiken, persischen Teppichen, italienischem Marmor und Blattgold ausgestattet. Auf dem Gelände des 2007 eröffneten Gotteshauses befindet sich auch das Grab Sheikh Zayeds.

■ Abu Dhabi-Al Ain Rd, Bus: Grand Mosque, Tel. 02/419 19 19, www.szgmc.gov.ae/en, Sa–Do 9–22, Fr 16.30–22 Uhr, während des Ramdans kürzer, kostenlose Führungen So–Do 10, 11, 17, Fr 17, 19, Sa 10, 11, 14, 17, 19 Uhr

3 Capital Gate
| Architektur |

Es kann einem schon schwindelig werden beim Anblick dieses schiefen Turms, aber keine Sorge, das ist kein Versehen wie in Pisa, sondern volle Absicht und vom Statiker wohlberechnet – insha' allah! Mit 18 Grad Neigungswinkel ist es jeden falls laut »Guinessbuch der Rekorde« das schiefste Gebäude der Welt – und damit auch das schiefste Hotel.

■ Al Khaleej Al Arabi St, Bus: ADNEC, Tel. 02/406 44 00, www.capitalgate.ae

4 Women's Handicraft Centre
| Handwerkszentrum |

Das Zentrum stellt nicht nur die von den Frauen hergestellten traditionellen Handwerksprodukte aus, man kann den Frauen auch bei der Arbeit über die Schulter gucken und mit dem Kauf eines Produkts zum Erhalt der lokalen Handwerkskünste beitragen.

■ Al Karama St, Bus: Immigration Dept., Tel. 02/447 66 45, So–Do 7–15 Uhr

Cafés

tashas Arabisches Terrassenfrühstück am Strand von Al Bateen. ■ Al Bateen, Tel. 02/445 08 90, www.tashascafe.com, tgl. 8–24 Uhr, Plan S. 22/23 a3

Entspannung

Al Hudayriat Beach Am südwestlichen Rand der Hauptstadt liegt die Insel Hudayriat mit ihren schier endlosen weißen Sandstränden weitab vom Straßenlärm und dem Stadttreiben. Neben erholsamer Ruhe findet man hier auch Cafés und Restaurants.
■ Shakbout bin Sultan St, tgl. 7–20 Uhr, Eintritt frei, Plan S. 22/23 a3/4–b5

Die Corniche und Umgebung

Weiße Sandstrände, glänzende Wolkenkratzer, elegante Hotels

Rund um die lange Küstenpromenade, die beliebteste Flaniermeile Abu Dhabis, bieten sich Einblicke in die Vergangenheit und Zukunft der Stadt.

Sehenswert

5 Breakwater

| Halbinsel |

Shoppen, Kultur und herrliche Ausblicke auf die Stadt

Die als Wellenschutz im Nordwesten der Stadt künstlich angelegte Halbinsel hat sich zu einem gern besuchten Ausflugsziel entwickelt. Neben einem Einkaufszentrum und einem gemütlichen Jachthafen mit Café lockt hier vor allem der grandiose Blick auf die Skyline der Stadt.

■ Bus: Al Marina

6 Heritage Village

| Museumsdorf |

Das Heritage Village auf Breakwater bietet in einem nachgebauten Beduinendorf Einblicke in lokales Brauchtum und den Alltag in Zeiten, als noch niemand etwas von den riesigen Ölvorkommen der Region ahnte. In dem Freilichtmuseum stehen einfache Palmblatthütten (»barasti«) neben einer traditionellen Schmiede, und auf einem »Bauernmarkt« werden Palmblattmatten, Kamelhaardecken und arabische Kaffeekannen feilgeboten. Manchmal finden auch Falkenshows oder Folkloretänze statt. Schön und interessant ist es, sich in einen der Windtürme (»barjeel«) zu setzen und die angenehme Kühle zu genießen, die diese ebenso einfache wie geniale »Klimaanlage« schafft. Ein Gemüsegarten mit traditioneller Bewässerungsanlage schließt den Rundgang ab.

■ Abu Dhabi Theater Rd, Bus: Al Marina, Tel. 02/681 44 55, Sa–Do 9–16/17, Fr 15.30–21 Uhr, Eintritt frei

Zu einem Ausflug in die Zeit vor dem Ölboom lädt das Heritage Village ein

Abu Dhabi
Arabischer G
Saadiyat Beach Club
Saadiyat Public Beach
Guggenheim Abu Dhabi (in Planung)
Zayed Nat. Mus. (in Planung)
Louvre Abu Dhabi
Manarat al-Saadiyat
UAE Pavilion
Al-Arish
Fischmarkt
Saadiyat Island
Al Mina St.
Khor Laffan
Dhau-Hafen
Halat Khams Island
Al Maryah Island
Teppichsuq
Reem Central Park
The Galleria
Lulu Island
Paris Sorbonne University of Abu Dhabi
Umm Yifenah Island
Al Reem Island
Central Market
Heritage Village
Al Salam St.
Break-water
Corniche
Rd.
Sheikh Rashid Bin-saeed Al-maktoum St.
Qasr Al Bahr
Founder's Memorial
Qasr al-Watan
Qasr al-Hosn
Corniche
Al Khaleej
Al Bateen
Khor Al Bagha
Mangrove National Park
Emirates Palace Hotel
Zayed Centre
Eastern Mangroves Marina
Al Arabi St.
St.
Women's Handicraft Centre
Muroor Rd.
Eastern Ring
New Airport Rd.
Al Zahra
Al Mushrif
29th St.
31th St.
23th St.
25th St.
Al Khaleej Al Arabi St.
2nd St.
Airport
Capital Gate
2nd St.
Al Muzoon
0
3 km

d
e
f
1
2
3
4
5
Ba Al Ghaylam Island
Ramhan Island
Bisrat Fahid Island
12
Sheikh Khalifa Highway
Qasr Al Qasaseer Island
Yas Island
Yas Island West
Warner Bros. World 21
Yas Mall
Yas Waterworld 20
Ferrari World 19
Yas Marina Circut 18
Balmrad Island
As Sammaliyyah Island
Yas Beach
Al Qurayyah Island
Sas An Nakhl Island
Aldar Headquarters Building
Umm Al Nar Power Station
Umm Al Nar Archaeological Site
Abu Dhabi-Dubai Rd.
3rd Street
Sheikh Zayed Bridge
Khor Al Maqta
Airport Rd.
Abu Dhabi Golf Club & Resort
Khalifa City A
Falken-krankenhaus (9 mk)
2
1 Suq Qariyat al Beri
Zayed Cricket Stadium
Abu Dhabi Gate City
Airport Rd.
6
5

Plan S. 22/23 

7 Emirates Palace Hotel

| Luxushotel |

2 *Traumhotel mit Goldbarrenverkauf aus dem Automaten*

Westlich der Zufahrtsstraße zur Breakwater-Halbinsel erhebt sich der märchenhaft anmutende, kuppel- und turmreiche Komplex des Emirates Palace Hotels. Aus der Ferne wirkt der 800 m lange Zentralbau wie eine Mischung aus Hagia Sophia und Tadsch Mahal, gleichermaßen großartig wie entrückt. In der Lobby steht ein Goldautomat, aus dem man sich einen kleinen Barren des Edelmetalls ziehen kann, das Café daneben serviert Kaffee mit Goldstaub!

■ West Corniche Rd, Bus: Emirates Palace, Tel. 02/690 90 90, Sa–Do um 10 und 16 Uhr Führung, 150 AED, Anmeldung unter Tel. 02/690 71 08

8 Founder's Memorial

| Denkmal |

Die 1327 geometrischen Formen, die an 1110 Stahlseilen hängen, bilden ein interessantes, dreidimensionales Porträt von Sheikh Zayed, dem Gründer und ersten Präsidenten der Vereinigten Arabischen Emirate. Nach Einbruch der Dunkelheit werden sie sehr schön ausgeleuchtet.

■ West Corniche Rd, Bus: Emirates Palace 034, Tel. 02/410 01 00, www.thefoundersmemorial.ae/en, tgl. 9–22 Uhr, Eintritt frei

9 Qasr al-Watan

| Herrscherpalast |

Opulenter Herrscherglanz zur öffentlichen Beschau

Der Name der präsidialen, sehr feudal gestalteten Repräsentanz bedeutet »Palast der Heimat« und gibt Einblicke

Imposantes Entree: die Eingangshalle des Herrscherpalasts Qasr al-Watan

in die ansonsten eher unzugänglichen Regierungssphären der emiratischen Regenten. Besonders beeindruckend die 100x100 m große Eingangshalle mit der atemberaubenden Kuppel.

■ Corniche Rd, Bus: Emirates Palace, Tel. 600 54 44 42, www.qasralwatan.ae/en, tgl. 10–19 Uhr, Eintritt 60 AED, Führung zzgl. 30 AED, private Führung 600 AED

 Zayed Centre

| Museum |

Wer mehr über den »Vater der Nation«, Sheikh Zayed, erfahren möchte, der suche diesen liebevoll im historischen Stil errichteten Komplex auf und betrachte Bilder, Fotos, Geschenke von Würdenträgern und den Fuhrpark des Präsidenten, der ein leidenschaftlicher Autofahrer war.

■ Al Bateen, Bus: Al Bateen, Tel. 02/665 95 55, So-Do 9–17 Uhr, Eintritt frei

 Corniche

| Flaniermeile |

Die über 6 km lange Meerespromenade säumen zur Küstenseite hin schöne Parkanlagen mit Grünflächen, Bootsanleger, Pavillons, Spiel- und Picknickplätze. Zudem führt der breite Fußweg auf rund 4 km Länge entlang eines feinen öffentlichen Sandstrands. Gerade in den Wintermonaten, wenn die Temperaturen herrlich angenehm sind, ist die Corniche an Donnerstagabenden und an Freitagen ein beliebtes Ziel emiratischer Familien, die dann dort flanieren, in den kleinen Parks ein Picknick veranstalten oder an den Stränden beisammensitzen und die frische Meeresbrise genießen.

■ Bus: Zayed 1st St (auf halber Höhe der Corniche)

ADAC *Spartipp*

Das **Zayed Center** in Abu Dhabi ist eigentlich eine Bibliothek und ein »Geschichtszentrum« mit Dokumenten vergangener Jahrhunderte. Da Sheikh Zayed jedoch den wesentlichen Impuls zur modernen Entwicklung des Landes gab, sind auch viele persönliche Gegenstände aus seinem Leben ausgestellt. So ist aus dem Dokumentationszentrum, das in (nachgebauter) historischer Architektur untergebracht wurde, ein sehenswertes kleines Museum im Stadtteil Al Bateen im Westen der Stadt geworden, für das man keinen Eintritt bezahlen muss.

 Qasr al-Hosn

| Festungsmuseum |

Das älteste Gebäude Abu Dhabis, das Fort Qasr al-Hosn, das »Weiße Fort«, war 1793 zur Sicherung der neuen Siedlung errichtet und später als Wohnsitz ausgebaut worden. Aufwendig restauriert, beherbergt es heute ein feines Museum zur Stadtgeschichte. Übrigens: Von der umlaufenden Mauer hat man einen schönen Blick auf die Stadt.

■ Sheikh Rashid Bin Saeed Al Maktoum St, Bus: Khaled Bin Al Waleed St, www.qasralhosn.ae, Sa–Do 9–19, Fr 12–22 Uhr, Eintritt frei

 Restaurants

€€€ | **Fishmarket** Dieses Restaurant im Hotel InterContinental (S. 41) ist eine Institution in Abu Dhabi!

■ Tel. 02/666 68 88, Fr, Sa 12.30–23, So–Do 12.30–16, 19–23 Uhr, Reservierung erforderlich, Plan S. 22/23 a4

€€€ | **Nahaam** Lässig-schickes Poolside-Restaurant mit bester mediterraner Küche. Vor dem Dinner oder stattdessen könnte man sich mit dem Turbolift zum High Tea ins »Observation Deck at 300« hinauftragen lassen – ebenfalls eine Empfehlung wert. ■ Corniche Rd, Tel. 02/811 56 66, www.jumeirah.com, tgl. 11–23 Uhr, Reservierung erbeten, Plan S. 22/23 a4

Cafés

Hooka Lounge Frische Salate und Gemüsegerichte mit Blick auf die Skyline genießen. ■ Abu Dhabi Theater Rd, Breakwater, Tel. 02/666 11 79 tgl. 9–1 Uhr, Plan S. 22/23 a3

Nova Beach Cafe Kaffeegenuss direkt am Strand. ■ Corniche Rd, Tel. 02/637 42 43, tgl. 9–21 Uhr, Plan S. 22/23 a3

Einkaufen

Marina Mall Hier findet man Ikea und Carrefour ebenso wie Design- und Luxusgeschäfte, ein Multiplex-Kino und eine Eislaufbahn. ■ Al Marsa St, Tel. 800 66 23, www.marinamall.ae, Sa–Mi 10–22, Do, Fr 10–24 Uhr, Plan S. 22/23 a3

Zum Dhau-Hafen und auf die Insel Reem

Schattige Marktgassen, grüne Parks und alte Frachtschiffe

Dass die ursprüngliche Stadt Abu Dhabi auf einer Insel liegt, vergisst man schnell angesichts der Straßenschluchten, erst am östlichen Rand wird das wieder deutlich. Dort geht es nur über Brücken weiter zu diversen Inseln, die alle bis vor Kurzem brach lagen, jetzt aber wesentlicher Teil der Stadtentwicklung sind.

Sehenswert

13 Central Market

| Suq |

Im Herzen der Stadt liegt das Einkaufsviertel Al-Markaziyah. Dessen Zentrum ist der luxuriöse, auch »New Souk« genannte Central Market. Optisch orientieren sich die nach einem Brand 2003 im alten Marktviertel entstandenen Neubauten mit den auffälligen braunen Fassaden an der traditionellen Architektur. Gemeinsam bilden Sie das World Trade Center Abu Dhabi mit zahlreichen Geschäften, Restaurants und Cafés.

■ Khalifa Bin Zayed The 1st St, Bus: Al Markaziyah, Tel. 02/508 24 00, www.wtcad.ae, Sa–Mi 10–22, Do, Fr 10–23 Uhr

14 Reem Central Park

| Park |

Bitte nicht gleich an das New Yorker Pendant denken. Der Reem Central Park ist eher eine kleine Oase mit künstlichem Kanal, Flaniermeile, Cafés und Shoppingmall auf der gleichnamigen Insel, die in den kommenden Jahren weiter erschlossen wird.

ADAC *Mobil*

Die **Orientierung** in der emiratischen Hauptstadt fällt relativ leicht, da die Straßen **schachbrettartig** im rechten Winkel zueinander angelegt sind. Trotzdem kann es manchmal zu Verwirrungen kommen, da vor einigen Jahren etliche Straßennamen geändert wurden. Alle wichtigen Sehenswürdigkeiten sind jedoch **ausgeschildert**, sodass sich auch Ortsfremde problemlos zurechtfinden können.

Zu Ihren Diensten: Die Händler im Teppichsuq helfen gern, das Passende zu finden

■ Reem Island Rd, Bus: Al Reem North, www.reemcentralpark.com

15 Teppichsuq

| Suq |

Selbst wenn Sie keinen Teppich oder arabische Sitzkissen kaufen möchten, sollten Sie eine Stippvisite zu den freundlichen Händlern unternehmen. Und wer weiß, vielleicht entdecken Sie bei einem Glas Tee ja doch etwas Schönes für zu Hause.

■ Mina Rd, Bus: Al Mina St, tgl. 9–21 Uhr

16 Fischmarkt

| Markt |

Ein Besuch lohnt vor allem in den frühen Morgenstunden, wenn die Fischer ihren frischen Fang in die Markthallen bringen. Neben den üblichen Verdächtigen liegen hier auch mal Hai und Schwertfisch aus, und es herrscht ein reges Treiben und Feilschen, wenn die Restaurant- und Hotelbesitzer für ihre Küchen einkaufen.

■ Mina Zayed, 31st St, Bus: Al Mina, tgl. 7–22 Uhr

17 Dhau-Hafen

| Hafen |

Stimmungsvolles Ambiente herrscht am Dhau-Hafen, an dessen Kai oft mehrere der bauchigen traditionellen Frachtschiffe be- und entladen werden – eine nicht nur fotografisch interessante Reminiszenz an alte Zeiten, als Dhaus unter vollen Segeln bis nach China fuhren.

■ Mina Zayed, 31st St, Bus: Al Mina

Restaurants

4 **€€ | Al-Arish** Wundervolle Gelegenheit, das lokale kulinarische Angebot zu probieren, mit Grillgerichten, Gemüse und Meeresfrüchten.

Plan S. 22/23

■ 14th St, beim Dhau-Hafen, Tel. 02/673 2266, www.aldhafrauae.ae, tgl. 12–16, 19–24 Uhr, Plan S. 22/23 b2

Cafés

Fifth Street Café Gemütliches Ambiente mit vegetarischen Gerichten. ■ Sheikh Hamdan Bin Mohammed St, Tel. 02/698 22 55, tgl. 7–23 Uhr, Plan S. 22/23 b3

Einkaufen

Abu Dhabi Mall Sehr beliebt bei den Einheimischen; die Auswahl in den rund 200 Geschäften ist riesig. ■ 10th St, www.abudhabi-mall.com, Sa–Mi 10–22, Do, Fr 10–23 Uhr, Plan S. 22/23 b3

In der Warner Bros. World steht alles im Zeichen altbekannter Comicfiguren

Insel Yas

Quirlige Vergnügungsinsel mit eigener Formel-1-Rennstrecke

Die Insel Yas ist definitiv »der« Ort für Adrenalinjunkies und Geschwindigkeitsfreaks, denn (fast) alles steht unter dem leuchtenden Signet des italienischen Sportwagenherstellers. Und manchmal versinkt auch die Sonne im kräftigen Ferrari-Rot …

Sehenswert

18 Yas Marina Circuit

| Rennstrecke |

»Das glaubt mir keiner dass ich hier mit 'nem Rennwagen unterwegs bin« – so könnte es sich anhören im Kopf wenn Sie in einem Boliden sitzen und auf einer echten Formel-1-Rennstrecke Ihre Runde drehen. Wem das zu schnell ist, der nimmt das Fahrrad oder dreht eine Joggingrunde.

■ Yas Leisure Drive, Bus: Yas Marina Circuit, kostenlose Shuttlebusse in die Stadt, Tel. 02/659 98 00, www.yasmarina circuit.com, tgl. 9–18 Uhr, geführte Tour 65 AED, Kinder bis 12 J. 65 AED, Fahr-»Experiences« ab 88 AED

19 Ferrari World

| Vergnügungspark |

Es hat seinen Grund, warum es Ferrari-»Welt« heißt, denn hier dreht sich alles, wirklich alles, nur um die schnellen Flitzer aus Italien. Zu den Attraktionen gehört u. a. die schnellste Achterbahn der Welt mit einer Spitzengeschwindigkeit von 240 km/h!

■ Yas Leisure Drive, Bus: Yas Mall / Ferrari World oder kostenlose Shuttlebusse von verschiedenen Hotels und Dubai, Tel. 600 51 11 15, www.ferrariworld abudhabi.com, Sa–Mi 11–20, Do, Fr 11–

Im Blickpunkt

Emiratischer Honig

Die Bedingungen für die Imkerei gelten in den VAE als ausgezeichnet und unter Fachleuten genießt emiratischer Honig ein hohes Ansehen, manche sprechen gar vom besten der Welt. Produziert werden je nach Jahreszeit mehrere Sorten, am bekanntesten sind u. a. der Sidr-Honig, benannt nach dem Sidarbaum oder Christusdorn (»Ziziphus spina-christi«), der von Anfang September bis November gewonnen wird, und der Akazien-Tortilis-Honig, der zwischen April und Juni produziert wird. Nichts wird hier dem Zufall überlassen, selbst an den Bienen wird »gearbeitet«. In zwei Stationen werden Bienen gezüchtet, um sie vor dem Aussterben zu bewahren, denn auch in den Emiraten ist das Bienensterben kein Fremdwort, außerdem sollen sie noch besser an die klimatischen Bedingungen angepasst werden. Wem der Honig allein noch nicht süß genug ist, der mache es wie die Emiratis und tunke einfach ein paar Datteln in den goldenen Sirup. Zu kaufen gibt es den Honig auf allen größeren Märkten, in Abu Dhabi z. B. auch bei Siddiq Gifts, Hamdan St, Tel. 02/677 32 23.

22 Uhr, Eintritt 295 AED, Kinder bis zu einer Körpergröße von 1,30 m 230 AED, Kinder unter 3 J. frei

Yas Waterworld

| Vergnügungspark |

Wie, eine Wasserrutsche lockt heute niemanden mehr hinterm Ofen vor? Wenn aber die Sonne eine Ofenhitze verbreitet, dann könnte man es sich überlegen – und wer spricht von einer Rutsche? In 40 teils waghalsig verschlungenen bunten Plastikröhren rasen Kinder und Erwachsene Richtung Pool ins erfrischende Nass. Einfach baden geht natürlich auch.

■ Yas Leisure Drive, Bus: Yas Drive / Waterworld oder kostenlose Shuttlebusse von verschiedenen Hotels und Dubai, Tel. 600 51 11 15, www.yaswaterworld.com, tgl. 10–20 Uhr, Eintritt 250 AED, Kinder bis zu einer Körpergröße von 1,10 m 230 AED, Kinder unter 3 J. frei

Warner Bros. World

| Vergnügungspark |

Wer kennt sie nicht, die berühmten Comic- und Zeichentrickfiguren Bugs Bunny, Daffy Duck, Superman oder Familie Feuerstein. Sie alle treten an zu fröhlicher Unterhaltung in Fahrgeschäften, Kinos und diversen Shows für Groß und Klein.

■ Yas Leisure Drive, Bus: Yas Mall / Ferrari World oder kostenlose Shuttlebusse von verschiedenen Hotels und Dubai, Tel. 600 51 11 15, www.wbworldabudhabi.com, Sa–Mi 10–20, Do, Fr 10–22 Uhr, Eintritt 295 AED, Kinder bis zu einer Körpergröße von 1,10 m 230 AED, Kinder unter 3 J. frei

Einkaufen

Yas Mall Das aktuell größte Shoppingcenter Abu Dhabis versammelt unter seinem Dach 370 Geschäfte, mehr als 60 Restaurants und Cafés sowie ein Multiplexkino. Direkte Verbindung zur Ferrari World. ■ Yas Leisure Drive, Bus: Yas Mall West, Tel. 02/414 54 30, tgl. 10–22 Uhr, Plan S. 22/23 f3

Insel Saadiyat

Früher Geheimtipp der Einheimischen, heute Museums-Hotspot

Zugegeben, von den drei angekündigten Museen mit fulminanter Architektur im Kulturkomplex auf der »Insel des Glücks«, so die Übersetzung von Saadiyat, ist derzeit nur eines fertig, doch das allein ist ein großes Glück. Hinzu kommen die weißen und natürlichen Sandstrände, die unter Einheimischen lange als Geheimtipp galten und sich jetzt mit formidablen Hotels und legeren Strandclubs einem internationalen Publikum erschließen.

Sehenswert

Louvre Abu Dhabi

| Kunstmuseum |

Nicht einfach ein Museum, sondern ein Tempel der Kunst

Nein, die Lichtdurchlässe des 7500 (!) Tonnen schweren Daches (das ist mehr als die Stahlkonstruktion des Eiffelturms) sind nicht zufällig entstanden, sondern minutiös geplant. Und das ist nur eines der spektakulären Details dieses Museums, dessen Besuch auch für Kunst- und Museumsmuffel ein »Muss« ist. Schade, dass man nicht in Abu Dhabi wohnt, dieses Haus mit seinen diversen Ausstellungen von Kunst und Moderne schafft man kaum an einem Tag, denn die Zeitspanne der ausgestellten Kunst beginnt mit einer persischen Skulptur aus dem 3. Jt. v. Chr., zeigt u.a. eine griechische Vasenmalerei aus dem 6. vorchristlichen Jahrhundert und widmet sich auch der Kunst der Koranhandschriften. Aus der europäischen Malerei sind u.a. namhafte Künstler wie Bellini, Murillo, Gauguin, Manet oder Picasso vertreten.

■ Cultural District, Bus: Louvre, Tel. 600 56 55 66, www.louvreabudhabi.ae, Di, Mi, Sa, So 10–20, Do, Fr 10–22 Uhr, Eintritt 63 AED, 13–22 J. 31,50 AED, unter 13 J. frei

Manarat al-Saadiyat

| Museum |

Das Museum mit wechselnden Ausstellungen und Veranstaltungen war der erste fertiggestellte Bau im noch wachsenden Kulturviertel auf der Insel Saadiyat. Hier finden lokale und internationale Künstler Raum für ihr kreatives Schaffen.

■ Sheikh Khalifa Bin Zayed Hwy, Bus: Manarat Al Saadiyat, Tel. 02/657 58 00, http://manaratalsaadiyat.ae, tgl. 9–20 Uhr, Eintritt meist frei

Saadiyat Public Beach

| Strand |

Hier gibt's das (kostenlose) Kontrastprogramm zum Beach Club (s.u.). Alles, was Sie brauchen, ist Badezeug für das azurblaue Wasser, eine Strandmatte, Sonnencreme und Trinkwasser für den Durst. Geduscht wird dann abends im Hotel …

■ 4th St, Zugang zum Strand neben dem Park Hyatt Hotel, Bus: Saadiyat Beach, Eintritt frei

Saadiyat Beach Club

| Strand |

Traumstrand gefällig? Bitte schön! Alles da, vom weißen Sand bis zum Sonnenschirm über ein spätes – oder zweites – Frühstück bis zum »Sundowner« und dem Steak am Strand! Kostet eine Kleinigkeit, aber das ist es wert.

Kamelrennen haben Tradition in den Emiraten und sind ein spannendes Event

■ 4th St, Tel. 02/656 35 00, Bus: Saadiyat Beach, www.saadiyatbeachclub.ae, tgl. 8 Uhr bis Sonnenuntergang, Tageskarte 250 AED, Paare 350 AED, 7–17 J. 100 AED, bis 6 J. frei

2 Falkenkrankenhaus

Für die kostbaren Vögel der Emiratis gibt es eine eigene Klinik

Das von einer deutschen Ärztin geleitete, auf die sensiblen Tiere spezialisierte Krankenhaus – die weltweit größte Falkenklinik überhaupt – kann man im Rahmen einer Führung besuchen. Ein Rundgang, der auch durch ein kleines Museum, die Gärten und das angeschlossene Tierheim führt, ist nicht nur für Vogelfreunde sehr interessant. Bitte unbedingt vorher und rechtzeitig anmelden.

■ Sweihan Rd, Tel. 02/575 51 55, www.falconhospital.com, 2-std. Führungen (nur nach Reservierung) So–Do 10, 14, 1. Okt.–31. Mai auch Sa 10 Uhr, 178,50 AED, 5–9 J. 63,50 AED, unter 5 J. frei

3 Kamelrennbahn Al Wathba

Am frühen Morgen wird mit flatternder Unterlippe um den Sieg gerannt

An der Straße nach Al Ain liegt diese Kamelrennstrecke. Auf den drei unterschiedlich langen Parcours werden in den Wintermonaten jeden Donnerstag und Freitag ab 6 Uhr Kamelrennen ausgetragen. Wer später oder an einem anderen Tag kommt, kann meist zumindest Trainingsläufe beobachten.

■ Camel Racing Federation at Al Wathba, ca. 45 km östl. der Stadt, Tel. 02/885 88 88, Eintritt frei

4 Al Ain

Die grüne Oase war der Geburtsort von Sheikh Zayed

Üppig grün präsentiert sich die Oasenstadt Al Ain in ihren vielen Parkanlagen

Information

- Abu Dhabi Tourism & Culture Office Al Ain, Ali bin Abi Taleb St, Bus: Town Square, Tel. 03/764 20 00, www.visitabudhabi.ae, So–Do 8–16 Uhr
- Parken: siehe S. 38

»Ain« bedeutet im Arabischen »Quelle«, und weil die Stadt über beträchtliche Grundwasserreserven verfügt, welche viele Grünanlagen ermöglichen, trägt sie ihren Beinamen »Gartenstadt« völlig zu Recht.

In den Vereinigten Arabischen Emiraten ist Al Ain insbesondere als Geburtsort von Sheikh Zayed (1918–2004) bekannt, der die Oasenstadt 1946–66 regierte. Er erneuerte das traditionelle »Falaj«-Bewässerungssystem, bei dem das Wasser über künstlich angelegte Kanäle verteilt wird, und half Al Ains Landwirtschaft dadurch nachhaltig zu erblühen. 1966 übernahm er die Regierung des gesamten Emirats und zog in die Hauptstadt, blieb seinem Geburtsort aber eng verbunden.

Heute ist Al Ain Universitätsstadt mit rund 630 000 Einwohnern – und eines der beliebtesten inländischen Touristenziele. Und seit 2011 gehören die Kulturstätten von Al Ain (Hafit, Hili, Bidaa Bint Saud und die Oasenregion) sogar zum UNESCO-Welterbe.

Plan S. 35

 Sehenswert

Hili Archaeological Park

| Archäologische Stätte |

Herrliche Blumenpracht umrankt prähistorische Gräber

Am nördlichen Stadtrand von Al Ain befindet sich dieser Park mit seinen bedeutenden Grabfunden aus dem 3. Jt. v. Chr. Zwischen Grünflächen und Kinderspielplätzen befinden sich drei Fundstätten: Gleich rechts hinter dem Eingang sieht man die Grundmauern einer bronzezeitlichen Siedlung (2500–2000 v. Chr.), etwas weiter ein nachgebautes Steingrab, dessen Besonderheit ein Relief über der dunklen Eingangsöffnung ist, und schließlich im dritten und mit etwa 50 × 50 m größten umzäunten Areal weitere, wenngleich stark verwitterte vorgeschichtliche Mauerreste.

■ Mohammed bin Khalifa St, tgl. 16–23 Uhr (mit etwas Glück kommen Touristen auch am Vormittag hinein), Eintritt frei

2 Qasr al Muwaiji

| Festungsmuseum |

In diesem Fort wurde am 25. Januar 1948 Sheikh Khalifa bin Zayed al-Nahyan geboren, heutiger Präsident der VAE und ältester Sohn von Sheikha Hassa und Sheikh Zayed. Vor dem Rundgang durch den historischen Gebäudekomplex empfiehlt sich ein Blick in die Museumsausstellung, wo Besucher Interessantes zur Geschichte des Ortes von seinen frühzeitlichen Anfängen bis in die Neuzeit, der regierenden Al-Nahyans und des derzeitigen Familienoberhaupts erfahren.

■ Khalifa bin Zayed St, Tel. 03/767 44 44, www.qasralmuwaiji.ae, Di–Do, Sa, So 9–19, Fr 15–17 Uhr, Eintritt frei

3 Al Jahili Fort

| Festungsmuseum |

Es gehört zu den größten Forts des Landes, war bis in die 1950er-Jahre tatsächlich bewohnt und Geburtshaus von Sheikh Zayed. Nach seiner Restaurierung wurde es unter die bedeutendsten Lehmbauwerke der Welt gewählt und dient heute als Museum und Veranstaltungsort für Kunst und Kultur, darunter auch eine Galerie mit wechselnden Ausstellungen. Sehenswert sind außerdem die Fotografien von Wilfred Thesiger, dem englischen Wüstenforscher, der in den 1940er-Jahren zweimal das »Leere Viertel« (S. 39) durchquerte.

■ Sultan bin Zayed Al Awwal St, Tel. 03/711 83 11, Di–Do, Sa, So 9–17, Fr 15–17 Uhr, Eintritt frei

4 Al Ain Palace Museum

| Museum |

So komfortabel residierte ein Scheich in den alten Tagen

Das Al Ain Palace Museum wurde 1937 als Wohn- und Regierungspalast erbaut, den auch Sheikh Zayed nutzte. Nach seinem Umzug in die Hauptstadt stand das Fort eine Zeit lang leer, bevor es renoviert und 1998 als Museum wiedereröffnet wurde. Ein imposanter Tordurchgang führt in den recht großen ersten Innenhof. Links steht unter einer ausladenden Schirmakazie ein alter Jeep, einer von Scheich Zayeds zwei Dienstwagen aus der Zeit vor dem Ölboom. Gegenüber öffnet sich ein weiterer Torbogen auf den zweiten Innenhof, einst das Kernstück des Regierungsbereichs. Sehr schön ist der Blick von einem der Flachdächer über Oase und moderne Stadt. Vorbei an der einstigen Palastküche gelangt man in den offiziellen Amtsbereich mit Empfangs- und Arbeitsräumen.

■ Hessa bint Mohammed St, Tel. 03/711 83 88, Di–Do, Sa, So 8.30–19.30, Fr 15.30–19.30 Uhr, Eintritt frei

ADAC *Spartipp*

»Gutes muss nicht teuer sein«, dieser alte Spruch aus der deutschen Werbelandschaft könnte durchaus auch für die **indischen Restaurants** in den Emiraten ersonnen worden sein, denn für eine Handvoll Dirham bekommt man hier manchmal richtig toll gewürzte Curry- oder Masalagerichte mit Fisch, Fleisch oder vegetarisch. Mit einem Berg von Reis dazu wird man auch gut satt. Gute Adressen sind z. B. die Sabka Road in Deira (Dubai) mit dem Delhi Darbar Restaurant oder die Hamdan bin Mohammed Street in Abu Dhabi mit dem Parivar Restaurant.

5 Al Ain Oasis

| Park |

Dieser größte von mehreren Palmenhainen bildet den eigentlichen Kern der Stadt. Durch ein breites, einladend geöffnetes Holztor betritt man auf sauber gepflasterten Wegen die Oase. Wohltuende Kühle umfängt den Besucher, die Gärten rechts und links sind von akkuraten Steinmauern begrenzt. Dicht stehen hier schlanke, Schatten spendende Palmen. Dazwischen verläuft jenes jahrhundertealte Kanalsystem (arab. »falaj«), mit dessen Hilfe das Wasser von der Quelle auf die Felder geleitet wurde. Hie und da lehnt das Fahrrad eines Parzellenbesitzers an einem der geriffelten Stämme, denn die Gärten werden bis heute landwirtschaftlich genutzt.

■ Zayed bin Sultan St, Tel. 02/599 54 38, tgl. 8–17 Uhr

6 Al Ain National Museum

| Museum |

Das Museum bietet einen Einblick in das Oasenleben früherer Jahrhunderte. Die Sammlung umfasst Kleidung, Dolche (»khanjars«) und Schusswaffen, Silberschmuck der Beduinen und getriebene Metallgefäße, zeigt aber auch Koranhandschriften aus dem 17. Jh. und hölzerne Gewandtruhen

(»manadis«). Besondere Beachtung verdient die Sammlung prähistorischer Keramik, die bis zu 4400 Jahre alte Stücke aus der Ausgrabungsstätte bei Hili vor den Toren des modernen Al Ain aufweist. Auch Staatsgeschenke sind zu sehen, die Sheikh Zayed im Lauf seiner Amtszeit erhielt.

■ Hessa bint Mohammed St, derzeit wg. Renovierung geschl., Informationen unter Tel. 02/444 04 44

7 Al Ain Zoo

| Tierpark |

8 *Engagiert für den Schutz und die Rettung bedrohter Arten*

Stolz ist man in diesem Tierpark auf das Zuchtprogramm für bedrohte Arten und den Bereich zur lokalen Fauna, den Al Ain Wildlife Park. Mittelpunkt der weitgehend naturbelassenen Areale für Oryxantilopen, Kragentrappen und weitere einheimische Tierarten ist das Sheikh Zayed Desert Learning Centre. Daneben werden »Safaris« durch ein gut 200 ha großes Freigehege angeboten, das nach dem Vorbild afrikanischer Landschaften gestaltet wurde. Hier kann man im Kleinbus am Fuß des Jebel Hafeet Löwen, Giraffen oder Erdmännchen im Habitat erleben.

■ Nahyan The First St, Tel. 03/799 20 00, www.alainzoo.ae, tgl. 9–20 Uhr, Eintritt 30 AED, Kinder 10 AED, unter 3 J. frei, mit Safari ab 200 AED

8 Kamelmarkt

| Markt |

4 *Einer der letzten Märkte dieser Art in Arabien, und ein sehr lebendiger*

Welch Spektakel, wenn die röhrenden Höckertiere in ihren Gehegen begutachtet werden und das Feilschen an Lautstärke zunimmt – um am Ende per lächelndem Handschlag beendet zu werden. Meistens jedenfalls. Verkäufer kommen teils von weit her, um ihre Dromedare feilzubieten oder selbst ein Tier zu erstehen. Die Lärmkulisse ist nichts für zarte Gemüter, und auch ihr Geruch ist für ungeübte Nasen gewöhnungsbedürftig. In den Geschäften am Rand der Gehege bekommt man übrigens das bunte Kamelzaumzeug mit den langen Troddeln.

■ Zayed bin Sultan St, Di–Do, Sa, So 6–19, Fr 15–17 Uhr, Eintritt frei

9 Green Mubazzarah Park

| Park |

Am Fuß des mächtigen Gebirgsstocks tritt bei Ain Al-Faydah Quellwasser zutage und bildet gar einen kleinen See, umgeben von Grünanlagen, Restaurants und Bootsverleih. So lauschig die Anlage ist, steht sie doch im Schatten des nahen Hotel- und Erholungsparks Green Mubazzarah unmittelbar neben der Zufahrt zum Gipfel. Das künstlich bewässerte »Grüne Tal«, auch bekannt als »Grüner Himmel«, lädt zum Picknick in schattige Gärten und bietet in einer Pool- und Spa-Landschaft sogar vier Schwimmbäder (für Männer und Frauen getrennt) und Bassins mit 40–45 °C heißem Wasser, das aus rund 1000 m Tiefe heraufgepumpt wird.

■ Jebel Hafeet St, tgl. 11–23 Uhr, Eintritt frei

Ein besonderes landschaftliches Erlebnis ist die Fahrt auf den Jebel Hafeet

10 Wadi Adventure

| Freizeitpark |

Dieser Wasserpark stellt den Sport in den Mittelpunkt und bietet Kajakern, Surfern und Wake-Boardern tolle Übungsmöglichkeiten. Natürlich kann man auch einfach nur einen faulen Tag mit den Kindern am Pool verbringen.

■ Hazza bin Sultan St, Tel. 03/781 84 22, www.wadiadventure.ae, tgl. 8–21 Uhr, Eintritt 65 AED, Kinder unter 1,20 m Körpergröße 45 AED, Aktivitäten extra (s. Website, Buchung 24 Std. im Voraus erforderlich)

11 Al Ain Classic Cars Museum

| Automobilmuseum |

Nein, hier stehen nicht nur alte Geländewagen herum, die mal einem Scheich gehört haben könnten. Hier stehen richtig schöne Autos, unberührt von Windkanal und CW-Werten, von Bentley und Cadillac über Mercedes bis Rolls-Royce. Denn die Emiratis liebten Edelchrom auch schon zu Zeiten, als es kaum Straßen gab.

■ Ain Al Faida Rd, Tel. 50/774 07 01, www.alainclassiccarsmuseum.net, Sa–Do 9–12, 17–21, Fr 16–20 Uhr, Eintritt 10 AED, Kinder ab 5 J. 5 AED

12 Jebel Hafeet

| Aussichtsberg |

Den krönenden Abschluss Ihres Aufenthaltes in Al Ain könnte eine Fahrt auf den Jebel Hafeet im Süden der Stadt sein. Der Berg steigt abrupt aus der Ebene auf und ist mit 1180 m einer der höchsten der Vereinigten Emirate. Eine vielfach gewundene, 13 km lange Serpentinenstraße führt auf den kahlen, flachen Gipfel. Unterwegs geben aussichtsreiche Parkbuchten mehrfach Gelegenheit zum Anhalten. Ganz oben öffnet sich dann ein umzäunter Parkplatz, von dem aus man eine grandiose Fernsicht über die rot- und beigefarbene Wüste und die rund 700 m tiefer gelegene Stadt genießt. Der weiße Palast knapp unterhalb des Gipfels gehört übrigens Sheikh Khalifa, dem Präsidenten der VAE.

Im Blickpunkt

Who's who in den Emiraten

Jedes der sieben Emirate wird seit Langem von einer Familie beherrscht, in Abu Dhabi sind es die Al-Nahyan, in Dubai die Al-Maktoum. Sharjah und Ras al-Khaimah werden von zwei Häusern der Al-Qasimi regiert, Ajman von den Al-Nuami, Umm al-Quwain von den Al-Mualla und Fujairah von den Al-Sharqi. Gemäß der patriarchalischen Gesellschaftsordnung regiert das männliche Oberhaupt jeder dieser Familien stets auch das Emirat, Verwandte bekleiden weitere Staatsämter. Diese feudale Struktur wurde auch nach Gründung der Vereinigten Arabischen Emirate beibehalten, deren föderale Ordnung das tradierte Gefüge integriert. Die Staatsgewalt der VAE liegt in Händen des Obersten Rates. Diesem Federal Supreme Council gehören alle regierenden Scheichs der Mitgliedsemirate an. Jeder übernimmt eine oder mehrere föderale Aufgaben wie Verteidigung oder Bildung. Die Staatsangelegenheiten werden gemeinsam besprochen und entschieden, wobei die Emirate innerhalb des Verbundes stark auf ihre individuelle Eigenständigkeit achten.

Verkehrsmittel

Die lokalen Busse fahren die meisten Sehenswürdigkeiten an. ■ Infos bei Abu Dhabi Department of Transport, Tel. 800 555 55, www.dot.abudhabi.ae/en

Parken

In Al Ain gibt es kaum Parkplatznöte, außer im Zentrum, doch selbst dort wird man auf öffentlichen und kostenlosen Parkplätzen fündig, z. B. in der Sultan bin Zayed Al Awwal St, gegenüber vom Al Jahili Fort oder im Parkhaus Old Souq Parking, Zayed bin Sultan St.

Restaurants

€ | **Abu Halab** Einfache, aber gute arabische Küche mit Grillgerichten, frischen Säften und Fisch. ■ Zayed bin Sultan St, Tel. 03/751 55 35, tgl. 8.30–1 Uhr, Plan S. 35 c2

€€ | **Al Diwan** Gediegenes Restaurant, in dem man sehr gut libanesisch, iranisch und italienisch essen kann. ■ Khalifa bin Zayed St, Tel. 03/764 44 45, tgl. 9–1 Uhr, Plan S. 35 c1

€€ | **Leisure Center** Eins der beliebtesten Restaurants im Herzen der Stadt, mit libanesisch-emiratischer Küche. ■ Khalifa bin Zayed St, Tel. 03/766 11 16, www.leisurerestaurants.com, tgl. 12–15, 19–23 Uhr, Plan S. 35 c1

€€€ | **Trader Vic's** Zum französisch-polynesischen Essen gibt es Wein in großer Auswahl und raffinierte Cocktails, abends mit Entertainment. ■ Sheikh Zayed Rd, im Hotel Al Ain Rotana (S. 41), Tel. 03/754 51 11, tgl. 12–0.30 Uhr, Plan S. 35 b2

Cafés

Shakespeare and Co. Verspieltes Café in europäischem Dekor, u. a. vegetarische Snacks. ■ Hamdan Bin Mohammad St, Tel. 03/768 02 62, tgl. 7–24 Uhr, Plan S. 35 nördl. a1

Einkaufen

Suq al Zafarana Auf der Suche nach emiratischen Mitbringseln wird man hier garantiert fündig. Verkauft werden traditionelle Kleidung, Gewürze oder Kaffee. In einer Abteilung erfüllen nur weibliche Verkäuferinnen die Wünsche ihrer Kundinnen. ■ Zayed al Awwal St, Tel. 03/762 18 68, tgl. 10–13, 16–24 Uhr, Plan S. 35 nördl. a1

Kinder

Hili Fun City Der Vergnügungspark mit Rutschen, Karussells und zahlreichen Elektrospielen zieht immer noch große und kleine Besucher an, obwohl er im Vergleich mit den großen Parks in Abu Dhabi und Dubai doch eher klein ist. Aber immerhin gibt es ein Eislaufzentrum (tgl. 10–22 Uhr), in dem das lokale Eishockeyteam regelmäßig trainiert. ■ Ardh Al Jaw St, Tel. 03/784 55 42, www.hilifuncity.ae, Okt.–Mai Mo–Do 16–22, Fr, Sa 12–22, Juni–Sept. Mo–Do 17–23, Fr, Sa 16–23 Uhr, Mi nur Frauen und

ADAC *Wussten Sie schon?*

Viele Wörter im Deutschen haben arabische Wurzeln. Dazu gehören u. a. die veraltete Gazette oder die Razzia, leichter zu erkennen sind die Wörter mit dem arabischen Artikel »al« – wie z. B. in Algebra, dem Sternennamen Aldebaran oder dem Alkohol.

Dass die Natur auch Zeichenkünste besitzt, zeigt sie in der Wüste Rub al-Khali

Kinder, Eintritt 10 AED, Kinder unter 91 cm (36") Köpergröße frei, Eisbahn 10 AED, Fahrgeschäfte 5 AED extra

Events

Al Ain Musikfestival Internationale Live-Performances verschiedener Stilrichtungen von klassisch bis arabisch an unterschiedlichen Orten in Al Ain. ■ www.alainmusicfestival.com

5 Rub al-Khali

Die größte Sandwüste der Erde lockt mit eindrucksvoller Stille

Die Dünen der Rub al-Khali, arabisch für »Leeres Viertel«, breiten sich bis weit nach Saudi-Arabien aus. Ungehindert treibt hier der Wind mit leise sirrenden Sandkörnchen sein immergleiches Spiel, häuft sie auf zu sich schlangengleich windenden Höhenkämmen oder gestaltet auf ebener Fläche fantastische geriffelte Muster und Zeichnungen. In den frühen Morgenstunden und am Nachmittag ist das Licht besonders schön, und ist man weit genug von den Lichtern der Oasen entfernt, erleuchtet nachts ein unglaubliches Sternenfunkeln den Himmel.

Sehenswert

Liwa-Oasen

| Oasen |

Rund 250 km südöstlich der Stadt Abu Dhabi liegen etwa 50 kleine Oasen verstreut am Rande der großen innerarabischen Sandwüste. Diese grünen Inseln inmitten abweisender Umgebung werden unter dem Sammelbegriff Liwa-Oasen zusammengefasst. Sie erstrecken sich in weitem Bogen über 127 km von der Oase Arcada im

Gefällt Ihnen das?

Wenn Sie die Faszination Wüste etwas länger genießen möchten, mieten Sie sich in eins der – zugegeben nicht billigen, aber herrlichen – Wüstencamps ein, etwa in Abu Dhabis **Qasr Al Sarab** (S. 41), Dubais **Bab al-Shams** (S. 75) oder Ras al-Khaimahs **Al Wadi Desert** (S. 109).

Westen bis Hmeen im Osten. Seit Menschengedenken siedeln hier Beduinen. Damals wie heute leben die Menschen von Gemüse- und Dattelanbau, von Kamel- und Ziegenzucht. Auch die Herrscherfamilie von Abu Dhabi hat hier ihre Wurzeln. Zwei gut ausgebaute Straßen verbinden die Oasen mit der Küste. Die etwas weiter westlich gelegene ist die interessantere, denn sie führt durch das Erdöl- und Erdgasfördergebiet von Mussafah. Verpackungskünstler Christo will hier in naher Zukunft ein dauerhaftes Kunstwerk realisieren.

Emirates National Auto Museum

| **Museum** |

Zur kuriosen Sammlung des Hamad bin Hamdan al-Nahyan quer durch die Automobilgeschichte gehört u. a. ein Nachbau des ersten Mercedes-Motorwagens. Vor der pyramidenförmigen Halle stehen die stockwerkhohen (!) Eigenkreationen des Besitzers.

■ Hamim Rd, Tel. 55/749 21 55, www.enam.ae, tgl. 9–17 Uhr, Eintritt 50 AED

Moreeb-Düne

| **Sanddüne** |

Ein geländegängiges Fahrzeug ist nicht nötig, um zur Moreeb-Düne zu gelangen, der mit 287 m zweithöchsten Düne der Emirate. Unter der Woche hat man eher die Chance auf ein stilles Wüstenerlebnis, denn am Wochenende regieren hier die Offroad-Freaks und einmal im Jahr findet hier das Moreeb Dune Car Race statt.

Parken

Genießen Sie die freie Auswahl unbegrenzter und kostenloser Parkmöglichkeiten.

Events

Moreeb Dune Car Race Einmal im Jahr versuchen geländegängige Autos, Motorräder, Trucks und Quads, möglichst schnell die Moreeb-Düne zu erklimmen. Die Erfolgreichsten werden von den bis zu 33 000 Besuchern, die das motorenröhrende Spektakel von der klimatisierten Tribüne aus verfolgen, enthusiastisch gefeiert. ■ www.lsc.ae

ADAC *Mittendrin*

Das **Al Dhafra Camel Festival Abu Dhabi** in Madinat Zayed, ca. 160 km südwestlich von Abu Dhabi, hält die alten Beduinentraditionen am Leben und gibt die überkommenen Werte von der alten an die junge Generation weiter. Auch wenn die Jugend von heute eher im Landcruiser als hinter dem Höcker zu finden ist, so können doch fast alle ausgezeichnet mit Kamelen umgehen und zeigen ihre Reitkünste bei den Wettrennen des Festivals, zu dem auch ein Schönheitswettbewerb der Kamele gehört (s. auch S. 126, Festivals & Events).

Übernachten

In der Hauptstadt lassen sich die Hotels natürlich den direkten Meerblick bezahlen. Wer das nicht unbedingt braucht, findet auch in der »zweiten Reihe« sehr gute Unterkünfte. In der Oasenstadt Al Ain gibt es mittlerweile ausreichend Betten, sodass man an Wochenenden nicht mehr unbedingt reservieren muss. Ein besonderes, wenngleich teures Erlebnis, ist eine Übernachtung in der Wüste.

Abu Dhabi (Stadt) 18

€€ | **Al Diar Dana Hotel** Zentral gelegenes Komforthotel der staatlichen Hotelkette mit 112 Zimmern. Vom Restaurant im obersten Stockwerk genießt man einen herrlichen Ausblick über die illuminierte Stadt. ■ Al Zahiyah St, Tel. 02/645 60 00, www.aldiarhotels.com

€€ | **Mercure Centre Hotel** Das Hotel bietet 201 sehr gut ausgestattete Zimmer und sieben Suiten zum vergleichsweise günstigen Preis. Vier Bars und drei Restaurants im Haus. ■ Sheikh Hamdan bin Mohammed St, Tel. 02/633 35 55, www.accorhotels.com

€€€ | **InterContinental Abu Dhabi** Großes Hotel in parkartigem Garten, der bis zum Strand und zur Marina des Hauses reicht. ■ King Abdullah bin Abdul Aziz Al Saud St, Tel. 02/666 68 88, www.intercontinental.com/abudhabi

€€€ | **Park Hyatt Hotel** Direkt am Strand mit Pools, überdachten Liegelounges und herrlicher Terrasse für den Sonnenuntergang. ■ 4th St, Tel. 02/407 12 34, www.hyatt.com

Al Ain 32

€€–€€€ | **Danat Al Ain Resort** 200 mit jeglichem Komfort ausgestattete Zimmer in einem ruhigen Viertel am östlichen Stadtrand. 22 Villen im ausgedehnten Garten, dazu Planschbecken, Pool und Wasserfall sowie ein 33 m langes Sportbecken. Alle drei Restaurants im Haus genießen einen guten Ruf, ebenso Café, Lounge und Bar. ■ Khalid Ibn Sultan St, Tel. 03/704 60 00, www.danathotels.com

€€€ | **Al Ain Rotana** Beliebtes Hotel der arabischen Rotana-Kette mit Swimmingpool, Massage- und Fitnessräumen, Squashcourt u. v. m. Mehrere Bars und Restaurants, u. a. mit libanesischer und französisch-polynesischer Küche im Haus. ■ Sheikh Zayed Ibn Sultan Rd, Tel. 03/754 51 11, www.rotana.com

(10) €€€ | **Mercure Grand Jebel Hafeet** Die 124 Luxuszimmer in 915 m Höhe locken mit ultimativem Komfort und grandioser Aussicht. Dazu gibt es diverse Restaurants, eine Bar, Pool und Sauna. ■ Zufahrtsstraße zum Jebel Hafeet, Al Ain, Tel. 03/783 88 88, www.accorhotels.com

Rub al-Khali 39

€€€ | **Qasr Al Sarab Resort Hotel** Komfortabler (und teurer) kann man kaum in der Wüste logieren. Gönnen Sie sich zumindest einen Sundowner! ■ Um Al-Zamool-Hamim Rd, Tel. 02/886 20 88, www.anantara.de.com

Dubai – gold glitzerndes Einkaufsparadies

Kaum eine Destination der Welt hat sich so rasant zu einem der faszinierendsten Hotspots des Tourismus entwickelt wie das Emirat Dubai

Was hat diese Stadt nicht schon an Spott ertragen müssen. Mit dem Erdöl – das im Emirat Dubai mittlerweile so gut wie versiegt ist – begann der Zuzug unzähliger Gastarbeiter in das ehemals staubige Nest am Creek, und als man das erste Sternehotel plante, lachte die Fachwelt. Heute staunt sie über die Vielfalt und die architektonischen Meisterleistungen entlang der berühmten Sheikh Zayed Road und auf den künstlichen Palmeninseln an der Küste. Die Silhouette des 1999 eröffneten Hotels Burj al-Arab ist mittlerweile so berühmt wie die des Eiffelturms.

Mit der Finanzkrise 2009 wurden die Spötter wieder lauter, zahlreiche Kräne verschwanden und mit ihnen so manches Bauprojekt in der Schublade. Doch Dubai ließ sich nicht beirren und lockt heute mit einer einzigartigen Mischung aus sonnigem Urlaub in fulminanter Hotellerie und schier grenzenlosen Shopping-Freuden. Die alten Viertel wurden aufwendig restauriert, und die alten Suqs von Deira und Bur Dubai sind lebendig wie eh und je. Der Strand von Jumeirah lockt als Freizeitviertel mit Stränden und Cafés, Downtown mit einer Mischung aus Gigantismus, verspielter Unterhaltung und Erlebniseinkaufswelt.

In diesem Kapitel:

6 Dubai (Stadt) 44
7 Hatta 71
Übernachten 74

ADAC Top Tipps:

Bastakiya, Dubai (Stadt)
| Stadtviertel |
Die Wiege Dubais mit der Festung und den schmucken Häusern mit ihren eleganten Windtürmen. 53

Burj Khalifa, Dubai (Stadt)
| Wolkenkratzer |
Mit der Einweihung dieses Wolkenkratzers inkl. Hotels und Aussichtsetagen verankerte sich Dubai im touristischen Bewusstsein der Welt. 56

Dubai Fountain, Dubai (Stadt)
| Wasserspiele |
Okay, es ist nicht der erste Brunnen, den Sie gesehen haben werden, aber wohl kaum einen so bunten und musikalischen. 58

ADAC Empfehlungen:

Goldsuq, Dubai (Stadt)
| Suq |

Hier ist wirklich alles Gold, was glänzt, und das zu günstigen Preisen. 45

Dubai Museum, Dubai (Stadt)
| Festungsmuseum |

Eine Empfehlung für Regentage kann es mangels Regen nicht sein, wegen seines Erlebnischarakters schon. 53

Bayt al Wakeel, Dubai (Stadt)
| Restaurant |

Speisegenuss in historischem Ambiente über dem Wasser. 55

Dubai Opera, Dubai (Stadt)
| Opernhaus |

In der Form eines Schiffes gebaut, geht man hier architektonisch und kulturell auf große Fahrt. 59

The Dubai Mall, Dubai (Stadt)
| Einkaufszentrum |

Im größten Einkaufszentrum der Welt gibt es nichts, was es nicht gibt. 60

Guylian Belgian Chocolate Café, Dubai (Stadt)
| Café |

Nicht über Kalorien nachdenken, einfach nach Herzenslust genießen! ... 68

Dubai Marina, Dubai (Stadt)
| Freizeitviertel |

Ebenso beeindruckend wie die teuren Boote ist die den Kanal flankierende Wolkenkratzerallee. 68

Bab al-Shams
| Hotel |

Wüstenflair kombiniert mit Luxus in Stadtnähe. 75

6 Dubai (Stadt)

Von traditionellen Suqs bis zu ultramoderner Architektur

Imposant ragt Dubais Skyline hinter dem Jumeirah Beach auf

Information

- Dubai Department of Tourism and Commerce Marketing (DTCM), Infobüros am Flughafen (Ankunftshalle) und in Shoppingmalls, Tel. 600 55 55 59 (Callcenter), www.visitdubai.com
- Parken: siehe S. 46, 55, 59, 64, 67, 70

Deira

Glitzernde Auslagen, duftende Gassen und altehrwürdige Holzschiffe

Deira gehört zu den historischen Stadtvierteln Dubais und liegt auf der östlichen Seite des Dubai Creek. In seinen schmalen Gassen, durch die kaum ein Auto passt, leben überwiegend indische und pakistanische Händler und hier finden sich die farbenprächtigen Suqs, deren Ursprünge weit ins vergangene Jahrhundert reichen. Noch immer legen in Deira die großen Frachtschiffe an, nur gehören heute neben Gewürzen und Teppichen auch Elektrogeräte und Pkw zum Transportgut.

Sehenswert

Dubai Creek

| Meeresarm |

Der 11 km lange Dubai Creek, auf Arabisch »Khor Dubai«, ist die Lebensader der Stadt. Reger Dhau-Verkehr signali-

Plan
S. 48/49 

siert das blühende Wirtschaftsleben, an den Flussufern reihen sich imposante Hotel- und Verwaltungsbauten aneinander, dazwischen einladend grüne Parks und moderne Freizeiteinrichtungen. Wie ein Anachronismus erscheinen im Gegensatz dazu die alten Holzschiffe am Kai, in deren tiefen Laderäumen noch heute alle möglichen Waren Richtung Afrika transportiert werden.

2 Gewürzsuq

| Markt |

Zu spitzen Kegeln aufgetürmt stehen auf dem Markt, auch »Deira Old Suq« genannt, die exotischsten Gewürze zur Auswahl, darunter feinfädriger, fast oranger Safran, gemahlener Kardamom, getrocknete Limonen, feuerrote Chilischoten, Pfeffer, Paprika, Curry und Koriander. Selbst wer hier kein kleines Mitbringsel für die Daheimgebliebenen ersteht, wird sich an dem bunten Anblick und dem anregenden Geruch dieses Markts erfreuen.

■ Metro: Al Ras, Sa–Do 10–22, Fr 16–22 Uhr

 Goldsuq

| Markt |

Hier ist wirklich alles Gold, was so schön glänzt

Inmitten Deiras Labyrinth aus schmalen Straßen locken beiderseits der Sikhat al-Khail Street die überdachten Gassen des Deira Gold Souk mit fantastisch funkelnden Auslagen. Alles, was hier glänzt, ist echtes Gold: die Armreife, Ohrringe, Halsketten, die Banknotenhalter und Krawattennadeln ebenso

Gefällt Ihnen das?

Der arabische **Suq** gehört zu Arabien wie der Höcker auf dem Kamel, daran haben auch die modernen Shoppingmalls nichts geändert, und so gibt es in den Emiraten noch immer die schmalen Marktgassen mit Gewürzen, Stoffen und Krimskrams für den Alltag, z. B. in **Sharjah** (S. 82), oder, in modernisierter Ausführung, **Abu Dhabi** (S. 26). Hinzukommen der **Fischmarkt** von Abu Dhabi (S. 27) und der **Straßenmarkt** auf dem Weg an Ostküste. (S. 108)

ADAC *Mobil*

In der Stadt Dubai stellen **Busse**, **Fähren** und die **Metro** der Roads & Transport Authority (RTA) den öffentlichen Nahverkehr sicher. Tickets wie das praktische 24-Std.-Ticket (20 AED) kauft man vor Fahrtantritt an Automaten, RTA-Schaltern oder authorisierten Verkaufsständen. Fahrplanauskunft und Ticketinfos unter Tel. 04/800 90 90 und www.rta.ae.
Modernste Technik kennzeichnet die **Metro** von Dubai, die fahrerlos verkehrt. Bislang gibt es zwei Linien, zwei weitere sind geplant. Die **Rote Linie** (52 km lang, 29 Stationen) verkehrt zwischen Rashidiya, dem Flughafen und Jebel Ali, eine Verlängerung Richtung Abu Dhabi ist geplant, die u. a. das Gelände der Expo 2020 Dubai anbinden soll. Die **Grüne Linie** (23 km lang, 20 Stationen) verkehrt zwischen Etisalat und Creek. Ansagen in Arabisch und Englisch. Betrieb Sa–Mi 6–24, Do 6–1, Fr 13–1 Uhr.

wie die Colliers und Diademe der rund 400 Schmuckgeschäfte und Juweliere. ■ Metro: Al Ras, Sa–Do 10–22, Fr 16–22 Uhr

Verkehrsmittel

Big Bus Company Dubai Drei verschiedene Routen erschließen in bekannter Hop-on-hop-off-Manier Dubai: rund um den Creek, nach Jumeirah oder zur Dubai Marina. ■ Tel. 04/340 77 09, www.bigbustours.com, Tages-, Zweitages- oder Fünftagesticket online ab 57,60 €, Kinder 38,80 €

Parken

Parken (und Autofahren) in Deira ist ein regelrechter Albtraum. Mit viel Glück klappt Ersteres aber im Parkhaus Naif Souk Parking, 10 Al Burj St. ■ Ab 4 AED/Std., Plan S. 48 b1

Restaurants

€€€ | **Shabestan** Leckere iranische Küche, z. B. Shrimp Kebab oder süßes Khorest-e-Gheimeh, eine Art Lammeintopf mit Tomaten und Rosinen, sind vom Feinsten. So–Fr unterhält eine Liveband mit »zeitlosen persischen Melodien«. ■ Radisson Blue Hotel, Bani Yas Rd, Tel. 04/205 70 33, www.radissonblu.com, tgl. 12.30–15, 19.30–23 Uhr, Plan S. 48 b2

Einkaufen

Al-Ghurair Centre Eine der ersten großen Shoppingmalls Dubais, Kunden schätzen vor allem die große Auswahl an hochwertiger, traditioneller und westlicher Kleidung. ■ Ecke Al-Rigga Rd/Omar ibn al-Khattab Rd, Tel. 04/205 52 26, www.alghuraircentre.com, So–Mi 10–22, Do–Sa 10–24 Uhr, Plan S. 48 b1

ADAC *Wussten Sie schon?*

Gold ist in Dubai genauso teuer wie im Rest der Welt. Dass die Schmuckstücke so viel günstiger sind, liegt an den niedrigen Löhnen der indischen Juweliere, an der Massenproduktion und den Goldfabriken, wo alle Arbeitsschritte unter einem Dach zusammengefasst und sehr gut aufeinander abgestimmt sind.

Dubais Altstadtviertel wurden einer aufwendigen Schönheitskur unterzogen

Deira City Centre. Eines der beliebtesten Einkaufszentren der Stadt, hier gibt es viele Goldhändler und Juweliere, aber auch den großen Buchladen Borders. ■ Al-Garhoud Rd, Tel. 04/295 10 10, www.deiracitycentre.com, So–Mi 10–22, Do–Sa 10–24 Uhr, Kinos und Supermärkte länger, Plan S. 48 c1

Erlebnisse

Den Creek erkundet man auf sehr schöne und individuelle Art und Weise mit einer **»abra«**, dem traditionellen Fährboot, das man an jeder Anlegestelle auch mieten kann. Der Preis für eine halbe Stunde liegt bei 80 AED und die beste Zeit ist der Nachmittag gegen 16 Uhr, wenn die Sonne sich in den Glasfassaden der Wolkenkratzer spiegelt. Für zusätzlichen Genuss sorgt ein mitgebrachtes Picknick.

Bur Dubai

Hier begründeten persische Kaufleute Dubais Ruf als Handelsmetropole

Bur Dubai liegt auf der nordwestlichen Seite des Creek und umfasst mehrere Altstadtviertel, die bis Mitte der 1970er-Jahre ziemlich vernachlässigt wurden. In Shindagha nahe der Mündung hatten die Maktoums ihre Residenz und somit Kontrolle über den Schiffsverkehr im Creek. Wer durch die ehemals staubigen Gassen des Viertels Bastakiya schlendert, spürt noch etwas vom alten Dubai. Mitte der 1990er-Jahre begann die erste aufwendige Sanierung Bur Dubais, die ehemaligen Residenzen und Zollhäuser wurden zu Museen, kleinen Hotels oder Restaurants umgestaltet, und die Wege sind lang nicht mehr staubig, sondern gut gepflastert.

Dubai-Nord
Deira Island South
Deira Island Front
Corniche Deira
Wholesale Vegetable Market
Abu Hail
Al Baraha Hospital
Rathaus
Dubai International Airport
Goldsuq
Union
Al Rigga
Etisalat Tower
Clock Tower
Deira City Centre
Heritage Village und Diving Village
Port Rashid
Khor Dubai / Dubai Creek
Sheikh Saeed al Maktoum House
Saruq al-Hadid Archaeology Museum
Dubai Maritime City Campus
Bayt al Wakeel
Dubai Creek
Oud Metha
Dubai Healthcare City
Wafi Mall
Dubai Maritime City
Mankhool
ADCB
Al Mina
Dubai Frame
Al Jafiliya
Za'abeel (1)
Dubai Dry Dock
World Trade Centre
Satwa Mosque
Dubai World Trade Centre
Horse Racecourse
Pearl Jumeirah
Jumeirah Mosque
Al Satwa
Emirates Towers
Jumeirah Emirates Towers
Port De La Mer
Za'abeel (2)
Financial Centre
Dubai Mall
Doha
Dubai Aquarium
Burj Khalifa
Dubai Fountain
Dubai Opera
Al Amal Hospital
Daria Island
Al Waal
Jumeirah Archaeological Site
Business Bay
Jumeirah Beach Park
Safa Park
Metropolitan
Al Hadiqa Street
Al Meydan St
Al Quoz
Majlis Ghorfat Umm Al Sheif
Al Waha Street
Jumeirah Road
Al Wasl Road
Al Satwa Road
Sheikh Zayed Road
Al Safa Rd.
2 Gewürzsuq
7 Old Suq
8 Bastakiya
9 Dubai Museum
0 1 km

Dubai-Süd
Dubai Offshore Sailing Club
319 Road
Noor Bank
Al Quoz Ind. (1)
Al Manara St
Umm Suqeim (2)
Al Manara
Al Marabea Rd.
Umm Suqeim Garden
Jumeirah Public Beach 18
Jumeirah Beach Hotel
Al Thanya Road
Al Quoz Ind. (3)
Umm Suqeim (3)
Umm Al Sheif
First Gulf Bank
Burj al-Arab 19
Umm Suqeim Rd.
Mall of the Emirates
Ski-Dubai
Madinat Jumeirah 20
Al Barshaa 1
Sharaf DG
Al Barshaa
Al Sufouh (1)
Sheikh Zayed Road
Palast der Al Maktoum
331 Road
Dubai Internet City
Al Sufouh Road
Jebel Ali Horse Racecourse
Palm Jumeirah Boardwalk
22
16
The Palm Jumeirah
21
Guylian Belgian Chocolate Café
Atlantis The Palm
Palm Gateway
Emirates Golf Club
Dubai Media City
American University
Emaar Beachfront
Nakheel
Cayan Tower 23
Jumeirah Zabeel Saray
DAMAC
Skydive
The Ritz Carlton
17
Dubai Marina
The Nineteen
The Meadows
Bluewaters Island
JBR Walk
Ain Dubai 24
Jumeirah Lakes Tower
Jumeirah Islands
Sheraton Jumeirah Beach Resort & Spa
Sheikh Zayed Rd.
Nakheel Harbour & Tower
0 1 km

Aktuell wird das Shindagha-Viertel einer umfangreichen Modernisierung unterzogen, einige der genannten Museen könnten daher temporär geschlossen sein oder veränderte Öffnungszeiten haben. Informationen dazu finden Sie auf www.dubaiculture.gov.ae/en unter »Live our Heritage«.

 **Sehenswert**

4 Heritage Village und Diving Village

| Freilichtmuseum |

Diese beiden benachbarten Museen lassen besonders während der Feiertage Geschichte lebendig werden, wenn z. B. einheimische Frauen traditionelle Gerichte kochen oder ihre Handwerkskünste zeigen. Sonst geht es zwischen den alten Palmblatthütten und Ausstellungsräumen, die u. a. an die für Dubai früher so bedeutende Perlentaucherei erinnern, eher ruhig zu. Historische Fotografien stellen u. a. das harte Leben der Taucher vor, die sich mit dünnen Taucheranzügen aus weißer Baumwolle eher unzureichend gegen Quallen, Haie und die brennende Sonne zu schützen versuchten.

■ Shindagha, Metro: Al Ghubaiba, Tel. 04/393 71 51, So-Do 8.30–22.30, Fr, Sa 16.30–22.30 Uhr, Eintritt frei

5 Sheikh Saeed al Maktoum House

| Museum |

Die zweistöckige, ehemalige Residenz von Sheikh Saeed al-Maktoum ist als schönes Beispiel historischer Lokalarchitektur eine Sehenswürdigkeit für sich und wurde aufwendig restauriert. Interessant sind u. a. die Schwarz-Weiß-Porträts der Herrscher Dubais, und es lohnt sich, über die Außentreppen auf das Flachdach zu steigen, das einen schönen Blick über den Creek und auf das gegenüberliegende Deira-Ufer bietet.

■ Shindagha, Metro: Al Ghubaiba, Tel. 04/393 71 39, Sa–Do 8.30–22, Fr 8–11, 15.30–22 Uhr, Eintritt frei

ADAC *Mobil*

Auto und Maut

Ein Rat vorweg: Wenn Sie in Dubai nicht unbedingt mit dem Auto fahren müssen, lassen Sie es am Hotel stehen und nehmen Sie sich ein Taxi oder die Metro, das ist allemal entspannter.

Dubais **Straßennetz** wächst und wächst, was bedeutet, dass immer irgendwo in der Stadt der Verkehr mal wieder umgeleitet wird oder sich die Verkehrsführung grundsätzlich geändert hat. Zwar ist die **Beschilderung** nicht schlecht und auch auf Englisch, aber bisweilen kann die Verkehrsführung recht verwirrend sein. In der Innenstadt kommt dann noch der **Parkplatzmangel** hinzu.

Um die Hauptverkehrswege von Dubai zu entlasten, wurde neben dem Ausbau der öffentlichen Verkehrswege auch eine **Maut** namens SALIK eingeführt. Sie betrifft vor allem die wichtigsten Brücken und größten Straßen rund um den Creek. Die Außenbezirke sind davon nicht betroffen. Bei der Übernahme eines **Mietwagens** sollte man sicherstellen, dass die Maut im Mietpreis enthalten ist und das Auto über einen entsprechenden Aufkleber an der Windschutzscheibe verfügt.

Ob alt oder neu, bunt und lebendig sind die Suqs auf jeden Fall

6 Saruq al-Hadid Archaeology Museum

| Museum |

Ebenfalls in einem sehenswerten historischen Gebäude untergebracht ist dieses recht neue Museum, welches Besucher in eine Zeit bis 1300 v.Chr. zurückführt. Spannende archäologische Funde wie Eisenwerkzeuge, bronzene Pfeilspitzen, Goldschmuck, Perlen u. v. m. belegen die Besiedlung dieser Region bereits in der Eisenzeit. Daher auch der Name des Museums, übersetzt bedeutet er »Der Weg des Eisens«. Besucher können sich in einem Hands-on-Erlebnis in einer nachgestellten Szene selbst als Archäologen versuchen.

■ Shindagha, Metro: Al Ghubaiba, Tel. 04/353 90 90, www.saruqalhadid.ae, So–Mi 8–20, Do, Sa 8–14 Uhr, Eintritt 20 AED, Kinder 7–12 J. 10 AED

7 Old Suq

| Markt |

Der malerische Old Suq, dessen schmale, segeltuch- und holzdachüberspannte Einkaufsgassen sich von hier durch das Bastakiya-Viertel winden, ist eigentlich den Großhändlern vorbehalten. Angeboten werden vor allem Stoffballen, Kleidung und Haushaltsgerätschaften, in unmittelbarer Nähe der Abra-Station überwiegen allerdings die Stände mit Dubai-T-Shirts, Pashminaschals, Stoffkamelen und allerlei Nippes. Es macht trotzdem Spaß, sich durch das bunte Angebot und die malerischen Altstadtgassen den Weg zu bahnen, sich vielleicht in der Kunst des Feilschens zu üben oder einfach bei einem süßen Tee die Menschen bei ihren Tätigkeiten zu beobachten.

■ Metro: Al Ghubaiba, tgl. 8–23 Uhr

Plan S. 48/49 

8 Bastakiya

| Stadtviertel |

Wer das alte Dubai erleben möchte, kommt hierher

Ein Bummel durch das Altstadtviertel Bastakiya führt durch verwinkelte Gassen, vorbei an liebevoll restaurierten Häusern, in welchen sich heute kleine Galerien, Restaurants, ein Hotel oder kleine Läden befinden. Diese bieten von Lebensmitteln über Textilien bis hin zu Weihrauchbehältern und Buchstützen alles an, was man in einem gut sortierten arabischen Haushalt brauchen kann. Interessant ist die Architektur des Viertels, in dem hinter hohen Mauern noch zahlreiche der markanten viereckigen Windtürme (»barjeel«) aufragen – die Klimaanlagen vergangener Zeiten. Sie fingen den leisesten Windhauch und kühlten den darunter liegenden Raum, in dem sich manchmal noch ein Wasserbecken zur Luftbefeuchtung befand.

■ Metro: Al Ghubaiba

9 Dubai Museum

| Festungsmuseum |

Interessanter Geschichtsabriss in schöner Festung

Bis in die 1960er-Jahre diente das 1787 erbaute Al-Fahidi Fort als Sitz der regierenden Familie Maktoum, später gestaltete man es zum heimatkundlichen Museum um. Historische Fotografien belegen eindrucksvoll, dass das Lehmfort bis weit in die zweite Hälfte des 19. Jh. allein am sandigen Ufer des Dubai Creek stand. Den Innenhof zieren heute einige traditionelle Schiffe, in den umliegenden Räumen kann man sich über Waffen sowie traditionelle Musikinstrumente und Tänze kundig machen. Der größte Teil der Ausstellungsräume liegt unter der Erde, wo man Interessantes über die Geschichte Dubais erfährt. So werden etwa die Handelsbeziehungen mit Persien und Ostafrika, die Perlentaucher sowie die Falkenjagd, Kamelzucht und das Leben in der Wüste gebührend berücksichtigt. Gut gelungene Dioramen stellen mit realitätsnah gestalteten Puppen z. B. Marktszenen, eine Koranschule, traditionelles Handwerk oder das Leben in einem Beduinenlager detailfreudig dar. In einem kleinen Anbau außerhalb der Lehmmauern des Forts steigt man wieder an die Oberfläche, nachdem man zuvor den gut sortierten Museumsshop kaum ignorieren kann.

■ Ali Bin Abu Taleb St, Metro: Al Ghubaiba, Tel. 04/353 18 62, www.dubaiculture.gov.ae, Sa–Do 8.30–20.30, Fr 14.30–20.30 Uhr, Eintritt 3 AED, Kinder unter 6 J. 1 AED

Im ältesten Bauwerk Dubais, dem Al-Fahidi Fort, residiert heute das sehenswerte Dubai Museum

Gefällt Ihnen das?

Man kann es halten wie jene englische Dame, die bereits beim Besuch der zweiten emiratischen Festung murmelte: »Abc – another bloody castle«. Doch wer sich für Geschichte interessiert, wird die Unterschiede der befestigten Anlagen und die liebevollen Details zu schätzen wissen, die es z. B. im Nationalmuseum in der **Festung** von Ras al-Khaimah (S. 103) oder in Sharjahs teilweise restaurierter **Fortanlage** (S. 79) zu entdecken gibt. Kaum vorstellbar auch, dass **Qasr al-Hosn** (S. 25) in Abu Dhabi einmal das einzige gemauerte Gebäude der Insel war.

Im Blickpunkt

Es ist alles Gold, was glänzt

Gold wird in Dubai nach Gewicht verkauft, sehr aufwendig von Hand gearbeitete Schmuckstücke kosten aber auch hier etwas mehr. Der Reinheitsgrad von Gold wird in Karat (K) angegeben, eine Bezeichnung, die sich von dem Samen der Karob-Frucht ableitet, mit dem Gold früher im Orient aufgewogen wurde. 9 K entsprechen einem Goldanteil von 37,5 %. Entsprechend stehen 10 K für 41,67 %, 14 K für 58,33 % und 18 K für 75 %. In 22 K sind 91,67 % Gold enthalten und 100 % Fine Gold entspricht 24 K. Letzteres ist allerdings ein theoretischer Wert, denn pures Gold wäre für die Verarbeitung viel zu weich. Die nötige Härte erreicht man durch Beigeben geringster Mengen von Titanium, Nickel oder Zink. Beimengungen sind es auch, die Gold unterschiedliche Farben verleihen können. Neben dem bekannten tiefgelben Goldschimmer gibt es auch blassgelbe, grünliche und sogar purpurrote Farbnuancen. Das Weißgold ist eine Gold-Palladium- oder Gold-Nickel-Legierung, die auch etwas Kupfer oder Zink enthält. Es wurde ursprünglich in den 1920er-Jahren als Ersatz für Platin entwickelt und ist bis zu einem Reinheitsgrad von 21 K erhältlich.

10 Dubai Frame

| Aussichtsplattform |

Bei einer Höhe von 150 m dürfte es sich zweifelsohne um den größten Rahmen der Welt handeln! Je nachdem, von welcher Seite man durch dieses gigantische Bauwerk blickt, sieht man entweder auf den historischen oder modernen Teil der Stadt. Die beste Aussicht genießt man allerdings aus dem oberen Quergang mit seinem Glasboden. Ein Museum im Erdgeschoss informiert über Dubais Geschichte.

■ Al Khail Rd, Metro: Al Jafiliya, Tel. 80 09 00, www.thedubaiframe.com, tgl. 9–21 Uhr, Eintritt 50 AED, Kinder 3–12 J. 25 AED

Verkehrsmittel

»Abras«, Wassertaxen, verkehren fast rund um die Uhr auf dem Creek und verbinden von mehreren Anlegestellen aus Bur Dubai mit dem gegenüberliegenden Ufer.

Parken

Der zentralste Parkplatz für Bur Dubai ist Al Ghubaiba Parking. ■ Al Nahda St, ab 5 AED/Std., Plan S. 48 b2

Restaurants

€€ | **Bayt al-Wakeel** Das Restaurant ist in einem 1934 errichteten Gebäude mit herrlicher Terrasse direkt am Creek untergebracht. Serviert werden verschiedene Salate und Meeresfrüchte. ■ Am Creek-Ufer, Tel. 04/353 05 30, www.wakeel.ae, tgl. 11–24 Uhr, Plan S. 48 b2

€€–€€€ | **Bastakiah Nights** Sehr stilvolles, in einem historischen Gebäude untergebrachtes Restaurant mit idyllischem Innenhof und guten Speisen der arabischen Küche. ■ Al Fahidi St, Tel. 04/353 77 72, tgl. 6.30–10.30, 12.30–15, 18.30–24 Uhr, Plan S. 48 b2

Cafés

Arabian Tea House Eine stille Oase unter grünen Bäumen, wo herrliche Säfte und arabisch inspirierte Gerichte serviert werden. ■ Al Fahidi St, Tel. 04/353 50 71, www.arabianteahouse.net, tgl. 7.30–22 Uhr, Plan S. 48 b2

Einkaufen

Bur Jurman Große Auswahl an internationalen Designermarken, Kosmetik, Schmuck. ■ Trade Centre Rd, Tel. 04/352 02 22, www.burjuman.com, Sa–Do 10–22, Fr 14–22 Uhr, Plan S. 48 b2

Wafi City Mall Den großen und beliebten Einkaufs- und Vergnügungskomplex erkennt man am pyramidenartigen Hauptgebäude. ■ Al-Qataiyat Rd, Tel. 04/324 45 55, www.wafi.com, Sa–Mi 10–22, Do, Fr 10–24 Uhr, Plan S. 48 c2

Downtown

Schnittstelle zwischen Alt und Neu und Spielwiese der Architekten

Bis in die 1990er-Jahre markierte das Dubai World Trade Centre die westliche Stadtgrenze und war mit 184 m kurzfristig sogar das höchste Gebäude des Nahen Ostens. Heute verschwindet es am Rand der Dubai Downtown, wo sich die Golfmetropole mit dem derzeit höchsten Gebäude der Welt ihr eigenes Denkmal und mit Musikbrunnen, Shoppingmalls und Restaurants ein elegant-modernes Zentrum zum Verweilen geschaffen hat.

Sehenswert

Sheikh Zayed Road

| Architektur |

Die Sheikh Zayed Road führt als sechs- bis zehnspurige Autobahn aus Dubais Zentrum in südwestlicher Richtung nach Abu Dhabi. Ihre Seiten werden von einem Spalier aus eigenwilligen Wolkenkratzern flankiert – ein Eldorado für Architekturfreunde. Den Anfang machen die beiden markanten, über dreieckigem Grundriss errichteten Türmen der Emirates Towers. Der

ADAC *Spartipp*

Keine Lust auf Museum, aber Kunstliebhaber? Dann lohnt entweder eine Fahrt zum **Financial Center** in der Sheikh Zayed Road, wo sich verschiedene Galerien wie z. B. The Empty Quarter niedergelassen haben. Oder Sie fahren in den Stadtteil Al Quoz in die **Alserkal Avenue**, eigentlich ein Industriekomplex, der sich aber in den letzten Jahren zur einer Kunstoase entwickelt hat. Dort setzt sich ebenfalls eine Reihe interessanter Galerien wie z.B. After Carbon 12 Dubai mit internationaler und lokaler Kunst aus allen Bereichen auseinander. Ausführliche Infos unter www.alserkalavenue.ae.

höhere reckt sich 355 m in den meist tiefblauen Himmel und beherbergt Büros, im etwas kleineren betreibt die Jumeirah-Gruppe ein Luxushotel, von dessen Restaurant im 52. Stock man einen famosen Sonnenuntergang genießen kann.

12 Financial Centre

| **Galerieviertel** |

Natürlich finden sich hier, wie der Name verrät, vornehmlich diverse Finanzinstitute, aber deren Mitarbeiter haben auch mal Hunger und Feierabend. Deshalb ist hier im DIFC ein kleines Lifestyle-Zentrum entstanden mit diversen Kunstgalerien, Restaurants aller Couleur und – schließlich sind Sie in Dubai – verschiedenen Geschäften zum ausgiebigen Shoppen.

■ Sheikh Zayed Rd, Metro: Emirates Towers, Financial Centre, www.difc.com

ADAC *Wussten Sie schon?*

Im derzeit höchsten Gebäude der Erde, dem **Burj Khalifa** in Dubai, wurde deutscher Stahl verbaut. Der stützte ursprünglich den Palast der Republik in Ost-Berlin und wurde nach dem Abriss in die Emirate verkauft.

13 Burj Khalifa

| **Wolkenkratzer** |

Über den Wolken ist die Aussicht tatsächlich grenzenlos

Der Burj Khalifa ist mit seinen 828 m derzeit noch das höchste Gebäude der Welt – der Grundstein für ein noch höheres Bauwerk wurde allerdings bereits gelegt. Die Architekten des Büros Skidmore, Owings und Merrill ließen sich beim Bau des 1,5 Milliarden US$ teuren Burj Khalifa von der Geometrie einer Wüstenblume inspirieren. Zeitweilig arbeiteten über 12 000 Menschen auf der Baustelle, im Turm stecken u. a. 31 400 t Stahlbeton. Die 163 allgemein zugänglichen Etagen beherbergen Hotels, das Restaurant At.mosphere im 124. Stock (www.atmosphereburjkhalifa.com), Wohnungen, Büros und die beiden ticketpflichtigen Aussichtsplattformen At The Top im 124. und Top Sky im 148. Stock in 452 m bzw. 555 m Höhe. Der herrlich weite Blick wird machmal leider durch Staub und Sand behindert.

■ Sheikh Mohammed bin Rashid Blvd, Metro: Burj Khalifa, www.burjkhalifa.ae, tgl. 9–23 Uhr, Eintritt ab 149 AED, Kinder 4–12 J. 114 AED, am besten online buchen, dann kommen Sie garantiert hinauf

Ein Bauwerk der Superlative ist der Burj Khalifa, das aktuell höchste Gebäude der Welt

Plan S. 48/49

14 Dubai Fountain

| Wasserspiele |

Beeindruckende bunte Lichtshow mit Musikuntermalung

Am Fuß des Burj Khalifa erstreckt sich ein künstlicher See, der abends mit der Dubai Fountain beeindruckt. Mehrere Düsen können das Wasser 150 m in die Höhe schießen, und die Fontänen liefern dann im Zusammenspiel mit 6600 Scheinwerfern und 50 Farbprojektoren zu klassischer Musik, internationalem Pop und arabischen Klassikern ein farbenprächtiges Spektakel. Am besten sichern Sie sich rechtzeitig einen Platz in einem der zahlreichen umliegenden Restaurants und genießen die Show beim Dinner.

■ Sheikh Mohammed bin Rashid Blvd, Metro: Burj Khalifa, So–Mi 18–22, Do–Sa 18–23 Uhr alle halbe Stunde außer bei zu starkem Wind

15 Dubai Aquarium

| Aquarium |

Natürlich kann man sich einfach vor die riesige Glaswand des Aquariums stellen und die majestätische Eleganz von Rochen, Haien oder Schildkröten bewundern und die Vielfalt Tausender bunter Fische bestaunen. Insgesamt 70 Arten sind hier vereint. Einen besseren Blick hat man aber im knapp 50 m langen Unterwassertunnel, und ganz Wagemutige buchen einen Aufenthalt im Unterwasserkäfig und summen dabei die Melodie vom »Weißen Hai«, während die Räuber der sieben Meere gefüttert werden … Wohler fühlt man sich evtl. im Glasbodenboot, das auf dem 10 Mio.-Liter-Tank schwimmt.

■ Financial Centre Rd, The Dubai Mall, Metro: Burj Khalifa, www.thedubaiaquarium.com, tgl. 10–24 Uhr, Eintritt ab 130 AED

Ein Gratis-Spektakel bietet die Dubai Fountain mit ihren aufwendigen Wasserspielen

Dubai Opera

| Opernhaus |

Ein tolles Haus für die großen Stimmen unserer Zeit

Wie ein Schiffsbug wölbt das Gebäude der Dubai Opera seine zweistöckige lichte Glasfront dem künstlichen See zu Füßen des Burj Khalifa entgegen, denn tatsächlich ist die Oper architektonisch einer Dhau nachempfunden. Das Haus soll allen darstellenden Künsten dienen, bis zu 2000 Besucher können hier Musicals, Konzerte, Filme, Sportveranstaltungen und – ja – auch Opern genießen. An den meisten Tagen gibt es Führungen durch das Opernhaus und um 11.30, 14.30 und 15.30 Uhr auch eine Backstage-Tour. ■ Sheikh Mohammed bin Rashid Blvd, Metro: Burj Khalifa, Tel 04/440 88 88, www.dubaiopera.com, Führung 75 AED, Kinder 45 AED, Backstagetour 175 AED, Kinder 145 AED

Parken

Da die Emiratis gern mit dem Wagen kommen, haben die Architekten rund um Downtown mehrere Parkhäuser und -plätze eingerichtet. ■ Green Parking Dubai Opera, Sheikh Mohammed bin Rashid Blvd, 8–24 Uhr; Old Town Visitors Parking, Emaar Blvd, 7–24 Uhr; jew. ab 5 AED/Std., Plan S. 48 c4

Restaurants

€€–€€€ | **The Lounge** Tolle Lage mit Blick auf Dubai Fountain und Burj Khalifa mit einer fröhlichen Melange aus asiatischer, mediterraner und südamerikanischer Küche. Sehr begehrt, Reservierung empfohlen. ■ Suq al-Bahar, Tel. 04/360 90 06, www.theloungedubai.com, tgl. 12–15, 17–2 Uhr, Plan S. 48 c4

Im Blickpunkt

Dresscode auf Arabisch

In den Vereinigten Arabischen Emiraten tragen Männer die **Dishdasha**, eine knöchellange, langärmlige Tunika in Weiß und bei offiziellen Anlässen einen dünnen, vorne offenen Mantel, den **Bisht**, dessen Ränder mit einer Goldborte verziert sind. Dazu trägt man(n) ein meist weißes Kopftuch, die **Ghutra**, und darunter eine kleine Kappe, **Ghafiyah**, die zusammen mit dem geflochtenen schwarzen **Agal** das Kopftuch fixiert. Das Obergewand emiratischer Frauen ist meist der schwarze bodenlange Umhang, die **Abayah**, die je nach Modell auch das Haar bedeckt. Auch der mantelähnliche **Jilbab** mit oder ohne Hose ist sehr beliebt. Unter der Abayah dürfen Frauen übrigens tragen, was sie wollen, und nicht selten lugen unter dem Abayah-Saum topmodische Turnschuhe oder halsbrecherische Highheels hervor. Es gibt Abayah-Modelle mit Kapuze, Frauen können ihr Haar aber auch mit einem **Hijab** genannten Kopftuch bedecken, und junge Mädchen ziehen darüber gern noch eine schicke Baseballkappe. Es bleibt ihnen selbst überlassen, ob sie ihr Gesicht bedecken wollen. Manche entscheiden sich dann für einen Gesichtsschleier aus dunkler Gaze, durch den man übrigens gut sieht, manche tragen eine Halb- oder Ganzgesichtsmaske, die **Burqa**.

Cafés

La Fragola Cafe Gelateria Hier gibt es reichlich Auswahl an Eissorten und frischen Säften zu vernünftigen Preisen. ■ Suq al-Bahar, Tel. 04/447 36 28, tgl. 9.30–23.45 Uhr, Plan S. 48 c4

Einkaufen

Suq al-Bahar Neben den Restaurants und der Nähe zur Dubai Fountain überzeugt die Auswahl an Geschäften mit feiner arabischer Kunst, Kultur und Küche. ■ Sheikh Mohammed bin Rashid Blvd, www.soukalbahar.ae, Tel. 04/ 362 70 11, Sa–Do 10–22, Fr 14–22 Uhr, Plan S. 48 c4

15 **The Dubai Mall** Mit einer Verkaufsfläche von 500 000 m² und etwa 1200 Geschäften ist die Mall das größte Einkaufszentrum der Welt. Aber man kauft hier nicht nur ein, es ist ein Sehen und Gesehenwerden für die Locals, und neben den Shops und Restaurants gibt es noch Attraktionen wie das 100 Mio. Liter Wasser fassende Dubai Aquarium (S. 58) mit 33 000 Meerestieren oder die Eislaufbahn Dubai Ice Rink (www.dubaiicerink.com). ■ Sheikh Mohammed bin Rashid Blvd, www.thedubaimall.com, So–Mi 10–22, Do–Sa 10–24 Uhr, Plan S. 48 c4

Gefällt Ihnen das?

Sie können vom Einkaufen einfach nicht genug bekommen? Dann besuchen Sie auch die **Mall of the Emirates** (S. 64) mit angeschlossener Skihalle, die fantasievoll ausgestattete **Ibn Battuta Mall** (S. 64) oder die **Wafi City Mall** mit ihrer ägyptisch-orientalischen Architektur (S. 55). Ein ähnlich schönes Ambiente bieten in Abu Dhabi der **Suq Qariyat al Beri** (S. 19) und der **Central Market** (S. 26).

Kneipen, Bars und Clubs

Alta Badia Bar Dolomitenfeeling auf 220 m Höhe im 51. Stock des Jumeirah Emirates Tower. Geboten sind Cocktails, Cicchetti und eine grandiose Aussicht auf die lichterfunkelnde Sheikh Zayed Road. ■ Emirates Towers, Sheikh Zayed Rd, Tel. 04/432 32 32, www.jumeirah.com, tgl. 14–3 Uhr, Plan S. 48 c3

Events

Meydan Racecourse Die Pferderennanlage ist wohl eine der spektakulärsten der Welt. Die Tribüne mit Platz für 60 000 Zuschauer wird flankiert von einer großen Hotelanlage, auf deren Dach ein Raumschiff gelandet zu sein scheint. Der Parcours für die edlen Rennpferde strahlt in sattem Grün, und selbst Laien sind beeindruckt von der Größe der Anlage. Hier findet u.a. der Dubai World Cup statt (s. auch S. 126). ■ Al Meydan Rd, Tel. 04/327 00 00, www.dubairacingclub.com, www.meydan.ae

Jumeirah

Der Name »Jumeirah« steht in Dubai für Freizeit, Strand und Wohlstand

Bis weit in die 1960er-Jahre lebten die Fischer in ihren einfachen Palmblatthütten am einsamen weißen Strand Jumeirahs. Dann sicherten sich zunächst finanzkräftige Käufer schöne Grundstücke, ließen jedoch ausreichend Platz für internationale Hotellerie und privaten Wohnraum. Den bewohnen gern auch europäische

Die Jumeirah Mosque steht zu bestimmten Zeiten auch Nicht-Muslimen offen

Manager; kein Wunder, liegen hier doch schicke Boutiquen, elegante Restaurants und witzige Geschäfte im Schatten der Palmen, und nicht zufällig entschloss man sich dazu, auch Dubais erstes Wahrzeichen, das berühmte Hotel Burj al-Arab, an diesen Strandabschnitt zu bauen.

Sehenswert

Jumeirah Mosque

| Moschee |

Das Minarett und vier ebenfalls runde Ecktürme überragen die im Fatimidenstil erbaute Moschee, deren schneeweiße Fassade ein Schmuckband und über den Triforienfenstern Ornamente aus vielfältig ineinander verschlungenen Arabesken zieren. Vier große und je zwei kleinere Säulen stützen das hohe Gewölbe, in dessen Mitte sich die Kuppel weitet, der Boden ist mit einem feinen, tiefblauen Teppich ausgelegt. Koransprüche an den Wänden sind die einzige Verzierung, ansonsten ist der große Raum leer. Dank des von Sheikh Mohammed ins Leben gerufenen Programms »Open Doors, Open Minds« steht sie im Gegensatz zu den meisten anderen Moscheen auch Nicht-Muslimen offen, allerdings nur im Rahmen einer Führung. Besucher erhalten eine kurze Einführung in den Islam und haben anschließend die Gelegenheit, Fragen zum Leben in den Emiraten, zu Sitten und Gebräuchen und vor allem zur Religion zu stellen.

■ Jumeirah Rd, Metro: Emirates Towers, Tel. 04/353 66 66, www.jumeirahmosque.ae, Führungen Sa–Do 1–2 x tgl., Zeiten s. Website, Anmeldung nicht erforderlich, 25 AED

Plan S. 48/49 

18 Jumeirah Public Beach

| Park |

Es sind vor allem der weiße, saubere Sand und der Blick auf das benachbarte Hotel Burj al-Arab, die diesen Strand so beliebt machen, einen der letzten öffentlich zugänglichen Küstenabschnitte in Jumeirah. An den Wochenenden sollte man früh da sein, wenn man ein schönes Plätzchen ergattern möchte. Duschen oder Umkleiden gibt es keine, dafür Restaurants und Cafés in der Nähe. Achten Sie beim Baden auf die Strömung!

■ Jumeirah Rd, Metro: Mall of the Emirates

 Burj al-Arab

| Hotel |

Seit seiner Fertigstellung 1999 ist dieses bauliche Zitat eines geblähten Dhausegels Dubais Wahrzeichen. Obgleich die internationale Klassifizierung nur bis fünf Sterne reicht, wird der »Arabische Turm« häufig als »das erste Sieben-Sterne-Hotel der Welt« apostrophiert. 43 000 m² Glas, 9000 t Stahl, 13 000 m² Carraramarmor, 12 000 m² brasilianischer Granit und 1500 m² 24-karätiges Blattgold wurden verbaut. Jede der 202 Gästesuiten erstreckt sich über zwei Stockwerke, Privatbutler und eine grandiose Aussicht sind im regulären Übernachtungspreis inbegriffen. Beeindruckend ist auch die Lobby, die über die gesamte, sich verjüngende Gebäudehöhe hin offen ist und auf der vorderen ihrer drei Seiten aus Glas besteht. Zu beiden Seiten des zentralen Wasserspiels führen Rolltreppen ins erste Obergeschoss, in dem etliche Nobelgeschäfte versammelt sind. Der Besuch des Luxushauses ist nur in Verbindung mit einem Restaurant- oder Barbesuch gestattet.

■ Jumeirah Rd, Metro: Mall of the Emirates, Tel. 04/301 77 77, www.jumeirah.com

Ein architektonisches Juwel und an Exklusivität nicht zu überbieten: das Hotel Burj al-Arab

 Madinat Jumeirah

| Freizeitviertel |

Weithin sichtbar erheben sich die fast weißen Türme und Zinnen von Al Qasr, einem von drei Gästebereichen der Madinat Jumeirah, daneben überragen die Dachterrassen der zugehörigen Villen nur knapp die Wipfel eines Palmengartens. Auch wer nicht in dem Spitzenhotel logiert, wird einen Bummel durch den Madinat Jumeirah Suq im öffentlich zugänglichen Teil des Hotels genießen. Ganz im Stil eines traditionellen Markts bieten hier entlang eines raffiniert angelegten Gassengewirrs zahlreiche Händler ihre Waren feil: Dishdashas ebenso wie westliche Markenkleidung, Schmuck, Gewürze, Teppiche und vieles mehr. Dazwischen laden immer wieder Cafés und Restaurants zum Verweilen ein, geben brunnengeschmückte Terrassen bezaubernde Ausblicke frei, etwa auf die Wasserläufe der Anlage oder den benachbarten Burj al-Arab. Die Madinat Jumeirah hat sich dank ihrem vielfältigen kulinarischen Angebot recht schnell zu einem beliebten Treffpunkt für Einheimische und Touristen entwickelt, denn neben der europäischen Küche, die u. a. mit Italien, Belgien und Spanien vertreten ist, finden sich auch Restaurants für Vegetarier und Veganer.

■ Jumeirah Rd, Metro: Mall of the Emirates, Tel. 04/366 88 88, www.madinatjumeirah.com, Suq tgl. 10–23 Uhr

Parken

Bei den Sehenswürdigkeiten gibt es meist ausreichend Parkmöglichkeiten.

Restaurants

€€–€€€ | **Reem al Bawadi** Beliebter Libanese mit gutem Preis-Leistungs-Verhältnis, Terrasse und weiteren Filialen, u. a. an der Dubai Marina. ■ Jumeirah Rd, Tel. 800 69 73 36, www.reemalbawadi.com, tgl. 11–2 Uhr, Plan S. 48 b5

Cafés

Comptoir 102 Sehr zeitgemäßes Café mit leckeren vegetarischen und veganen Gerichten. ■ Jumeirah Rd, Tel. 04/385 45 55, www.comptoir102.com, tgl. 8–22 Uhr, Plan S. 48 b3

Einkaufen

Ibn Battuta Mall Die Mall ist nach dem berühmten arabischen Weltreisenden des 14. Jh. benannt. Entsprechend laden in opulentem orientalischem Dekor 275 internationale Geschäfte zum Schauen und Kaufen ein. ■ Sheikh Zayed Rd, Tel. 04/362 19 00, www.ibnbattutamall.com, So–Mi 10–22, Do–Sa 10–24 Uhr, Plan S. 49 südl. c5

Mall of the Emirates Mit rund 500 Geschäften, Restaurants und Cafés sowie 14 Kinosälen gehört sie weltweit zu den größten Shoppingmalls. ■ Sheikh Zayed Rd, Tel. 04/409 90 00, www.malloftheemirates.com, Sa–Mi 10–22, Do, Fr 10–24 Uhr, Plan S. 49 c2

Mercato Mall Kleine Mall, unter deren tonnengewölbtem Glasdach die Jungen, Reichen und Schönen hinter bonbonbunten pseudovenezianischen Fassaden ihrer Einkaufslust frönen. ■ Jumeirah Rd, Tel. 04/344 41 61, www.mercatoshoppingmall.com, tgl. 10–22 Uhr, Plan S. 48 b4

ADAC *Mittendrin*

Das **Dubai Shopping Festival** im Januar/Februar eines jeden Jahres ist im Vergleich zum Münchner Oktoberfest zwar noch sehr jung, hat aber schon fast ähnlich hohe Besucherzahlen – denn die Emiratis belassen es nicht bei nur einem Ausflug zu den verschiedenen Shows, Konzerten und Sonderangebotstombolas der großen Malls – von deren Gewinnausschüttung auch Urlauber nicht ausgeschlossen sind.

Kneipen, Bars und Clubs

Kasbar Schicker arabisch-marokkanischer Nachtclub. Drei Ebenen umgeben die große zentrale Tanzfläche, Separees bieten Privatsphäre; die Ausstattung ist orientalisch-opulent. Hier vergnügt sich Dubai bei Musik, Tanz und Champagnerbrunnen. ■ One & Only Royal Mirage Resort, Jumeirah Rd, Tel. 04/399 99 99, www.kasbar.ae, Mo–Sa 23–3 Uhr, Plan S. 49 b4

Kinder

Wild Wadi Der knapp 5 ha große Vergnügungspark bietet in einer künstlichen Abenteuerwelt aus Felsen, Höhlen, Tunnels, Wadis, Wasserfällen, Seen und Flüssen nicht weniger als 30 Wasser- und Fahrattraktionen. Beim »Flood River« wird beispielsweise jede Stunde ein Sturm mit Flutwelle und heftigem Regen simuliert. In der »Breaker's Bay« stellen sich Badegäste

Ein ambitioniertes Megaprojekt: die künstlich geschaffene Inselwelt Palm Jumeirah

bis zu 1,5 m hohen Brechern, während sie sich auf »Juha's Journey« auf dicken Gummireifen langsam und gemütlich mit der Strömung treiben lassen. ■ Jumeirah Rd, Tel. 04/348 44 44, www.wildwadi.com, Nov.–Febr. tgl. 10–18 Uhr, März–Okt. tgl. 10–19 Uhr, Fr länger, Eintritt 299 AED, Kinder bis 1,10 m Körpergröße 249 AED, Plan S. 49 b2

Events

In Dubai hat sich in den letzten Jahren eine international angesehene Kunstszene etabliert und in den Galerien der Stadt finden regelmäßig sehenswerte Vernissagen statt. ■ www.artdubai.ae

Sport

Ski Dubai Es ist kein Scherz, man kann in Dubai auch bei 40 °C im Schatten Ski laufen. Möglich macht das die Indoor-Skihalle mit fünf Abfahrten, einer Halfpipe für Snowboarder und natürlich einem Platz zum Bauen von Schneemännern. Der wird wie die Pisten täglich mit 30 t Neuschnee berieselt. Warme Kleidung gibt's zu mieten. ■ Sheikh Zayed Rd, www.skidxb.com, So–Do 10–24, Fr, Sa 9–24 Uhr, Eintritt ab 190 AED, Plan S. 49 c2

Palm Jumeirah

Die von Menschenhand gebaute Insel ist sogar aus dem Weltall zu erkennen

Zu Beginn des Millenniums plante Dubai den Bau mehrerer künstlicher Inseln und deren Entwicklung zu neuen Luxuszielen. Dazu gehörten drei Palmeninseln, eine Weltkarte und das Universum, doch wirklich fertiggestellt wurde bis heute nur die Palmeninsel Jumeirah. Sie profitierte von der Neugier und der Neuartigkeit

Plan S. 48/49 

Für lange Spaziergänge wie geschaffen: der Palm Jumeirah Boardwalk

dieses Projekts. Noch vor Baubeginn waren die ersten 2000 Villen auf The Palm Jumeirah verkauft. Aber die Finanzkrise sowie Berichte über Bau- und Umweltprobleme ließen das bereits in Angriff genommene Nachfolgeprojekt »The Palm Jebel Ali« stocken. Die Landgewinnung dafür ist zwar abgeschlossen, doch nun ruhen die Bauarbeiten. »The Palm Deira« und »The Universe« wurden ganz eingestellt. Bei »The World« sind die Inseln zwar aufgeschüttet, »bewohnt« sind aber nur wenige. Umso prächtiger gedeiht The Palm Jumeirah mit Luxushotels, Stränden und Vergnügungsvierteln. Seit ihrer Einweihung 2008 hat sie sich zu einem weiteren Wahrzeichen Dubais entwickelt. Insgesamt 40 000 Einwohner zählt diese Insel, die meisten davon in eher schmucklosen, nah beieinanderstehenden Hochhäusern auf dem »Palmenstamm«. Während die »Palmwedel« den Besitzern der Luxuswohnungen und -apartments vorbehalten sind, stehen auf dem die Palmenkrone umgebenden, 11 km langen Wellenbrecherring mehrere tolle Hotels mit interessanten Restaurants, fantasievollen Inneneinrichtungen, schönen Stränden und großen Poolanlagen. Ebenso finden sich an der Spitze des Palmstammes mehrere Cafés, Restaurants und natürlich Shoppingmöglichkeiten.

Sehenswert

21 Atlantis The Palm

| Hotel |

Haben Sie zufällig 36 000 € zu viel? Dann buchen Sie doch die 924 m² große Brückensuite für eine Nacht – WLAN und Transfer vom Flughafen wären sogar inklusive! Na gut, muss ja vielleicht nicht sein, ein Blick von außen auf die märchenhafte Fassade dieses Hauses lässt einen auch schon staunen. Wer einen Blick in das Haus werfen möchte, muss zwar nicht gleich die teuerste Suite buchen, braucht aber trotzdem eine Zimmerreservierung. Die Restaurants immerhin stehen auch Nicht-Hotelgästen offen – Reservierung erforderlich. Zum Hotel gehört auch ein benachbarter Wasservergnügungspark (S. 68), der für jedermann zugänglich ist.

22 Palm Jumeirah Boardwalk

| Uferpromenade |

Auf dem Wellenbrecher um die Krone herum erstreckt sich diese 6 m breite und über 10 km lange Promenade, von der man die eleganten Hotels der Insel, einen grandiosen Blick auf die Küste oder das Hotel Burj al-Arab am Horizont werfen kann. Ungetrübt ist natürlich auch der Blick auf den Sonnenuntergang, und über die Verpflegung müssen Sie sich keine Gedanken machen, denn in regelmäßigen Abständen sorgen mobile Cafés oder Imbissbuden für das leibliche Wohl der Spaziergänger.

ADAC *Mobil*

Dubai ist eine Stadt mit den unterschiedlichsten öffentlichen Verkehrsmitteln. Neben Bussen, Metro und Tram verkehrt auf der Palmeninsel Jumeirah noch eine 5,4 km lange, privat betriebene **Monorail**. Sie ist mit der Tram und damit auch mit der Metro verbunden und führt über den »Palmenstamm« bis zu seiner Krone, von wo aus man dann die ausgiebige Palmenerkundung zu Fuß beginnen kann (www.palm-monorail.com, einfache Fahrt 20 AED, hin und zurück 30 AED).

ADAC *Spartipp*

Wer in Dubai viel mit öffentlichen Verkehrsmitteln unterwegs sein wird, spart mit der **»Nol« Silvercard** bares Geld. Mit ihr kann man Busse, Metro, Tram und Wasserbusse – nicht jedoch die Monorail nach Palm Jumeirah – im gesamten Streckennetz zu einem vergünstigten Tarif nutzen, je nach Zone ab 3 AED. Der Anschaffungspreis beträgt einmalig 25 AED mit einem Guthaben von 19 AED, und die Karte kann problemlos immer wieder aufgeladen werden. Infos unter www.nol.ae.

Parken

Palm Gateway Da öffentliche Parkplätze auf der Insel Mangelware sind, stellt man seinen Wagen am besten auf einem der 1600 kostenfreien Plätze am Palm Gateway am »Palmenstamm« ab und fährt mit der Monorail. weiter. ■ www.palm-monorail.com/palm-gateway-station-parking, Plan S. 49 b4

Restaurants

€€ | **Senara** Stilvolles Restaurant mit ausgesuchten Produkten, vor allem Fisch und Meeresfrüchte aus heimischen Gewässern. Die Longdrinks hingegen sind international, ebenso wie das leckere Frühstück am Wochenende. ■ Palm Views West, Tel. 04/451 6460, www.senararestaurants.com, So–Do 16–23, Fr, Sa 9–24 Uhr, Plan S. 49 a4

Cafés

Guylian Belgian Chocolate Café Wenn für Sie die Kalorientierchen im Schrank, welche nachts die Kleider enger nähen, kein Problem sind, dann hereinspaziert: Hier gibt es herrliche Köstlichkeiten gegen die schlanke Linie! ■ The Pointe Mall, Al Khail Ave, Tel. 04/587 65 18, www.guyliancafe.com, tgl. So–Mi 10–24, Do–Sa 10–1 Uhr, Plan S. 49 a4

Kinder

Aquaventure Waterpark Dieser Vergnügungspark im Atlantis The Palm Hotel ist einer der größten der Region und bietet zahlreiche Pools, Wasserspiele und Rutschen – eine davon führt in einem gläsernen Tunnel durch ein Aquarium mit Haifischen. Natürlich geht es auch ganz gemütlich: Schnappen Sie sich z. B. einen der aufblasbaren Schwimmringe und lassen Sie sich auf den insgesamt fast 2,5 km langen, miteinander verbundenen Wasserwegen einfach entspannt in aller Ruhe dahintreiben. ■ Crescent Rd, Tel. 04/426 20 00, www.atlantisthepalm.com, tgl. 10 Uhr bis Sonnenuntergang, Tageskarte 320 AED, Kinder bis 1,20 m Körpergröße 260 AED, weitere Attraktionen zubuchbar, Plan S. 49 a4

Dubai Marina

Supermodernes Viertel mit künstlichem Kanal und Jachthafen

Weil am Creek kein Platz mehr war, entschlossen sich Dubais Stadtväter zum Bau einer neuen Wasserstraße inklusive Wohnviertel. Wobei »Viertel« es nicht ganz trifft, denn angesichts der zahllosen Wolkenkratzer kann

man fast von einer eigenen Stadt sprechen. Erstaunlich ist die locker-luftige Atmosphäre zwischen all den riesigen Häusern, die immer noch genug Licht auf die breiten Uferwege zu beiden Seiten des Kanals durchlassen. Dort finden sich Cafés, Restaurants, Springbrunnen, bunte Blumenbeete, fliegende Händler und Straßenkünstler, und sie alle tragen dazu bei, eine fröhliche entspannte Stimmung zu schaffen. Wer will, findet überall die Möglichkeit, auf dem fast 4 km langen Kanal zu schippern, sei es mit einem Ausflugsboot oder den kleinen Wassertaxen. Besonders schön ist es am Nachmittag und Abend, wenn die Tageshitze verflogen ist, die Lichter der Großstadt sich im Wasser spiegeln und die Kerzen der Restaurants zum Dinner laden.

Die neueste Attraktion im Süden Dubais, das Riesenrad Ain Dubai

Sehenswert

Cayan Tower

| Hochhaus |

Mit bescheidenen 307 m ist der Cayan Tower eigentlich nicht der Rede wert. Trotzdem fällt er jedem Besucher sofort ins Auge, denn seine Fassade vollzieht vom Boden bis zum Dach eine 90-Grad-Drehung. Es ist damit das höchste Gebäude der Welt mit dieser architektonischen Besonderheit.

■ Barsha Heights, Metro: DAMAC Properties

Ain Dubai / Dubai Eye

| Riesenrad |

Am südwestlichen Ende der Dubai Marina ragt die kleine Bluewaters Island ins Meer, und darauf entsteht derzeit das »Auge Dubais«, und Sie werden es ahnen: Es wird das höchste Riesenrad der Welt. 210 m hoch soll es aufragen und in seinen 48 Glaskabinen mit 360° Rundumblick Platz für insgesamt 1400 Gäste bieten.

■ Bluewaters Island, geplante Eröffnung Anfang 2020, Metro: DAMAC Properties, Infos unter www.bluewatersdubai.ae

Verkehrsmittel

Die **Dubai Tram** hat mehrere Haltestellen entlang der Marina, u. a. Dubai Marina Mall und Anschluss zur Metro.

Fahrradtour im Hafen Mit dem Fahrrad entspannt am Kanal radeln kann man mit einem Velo des deutschen Unternehmens Nextbike. Dazu einfach die App herunterladen und sich an einer der sieben Stationen, z. B. an der Mall, bedienen. ■ Ab 15 AED für 30 Min., 80 AED für 1 Tag

Parken

Dubai Marina Parking Zu Fuß wenige Minuten entfernt vom Marina Walk mit seinen Geschäften und Restaurants. ■ 4 AED/Std., Plan S. 49 b4

Restaurants

€€ | **Halla Mandi** Mandi ist ein traditionelles arabisches Gericht mit Fisch, Fleisch und viel Reis. Dazu gibt es hier orientalische Vorspeisen, Salate und frische Säfte. ■ Marina Walk, www.hallamandi.ae, Tel. 80042552, So–Do 12–24, Fr, Sa 12–2 Uhr, Plan S. 49 b4

€€€ | **Al Hadheerah** Fast genau südlich von Dubai Marina am Stadtrand von Dubai gelegen, fühlt man sich hier wie auf einem kleinen Basar mitten in der Wüste. Kisten voller Obst und Gemüse sind Deko und Auswahl zugleich, es duftet verführerisch und schmeckt noch besser. Der Ausflug an den Stadtrand lohnt sich. ■ Bab Al Shams Desert Resort & Spa, Al Qudra Rd, Tel. 04/809 61 94, www.alhadheerah.com, tgl. 19–23.30Uhr, Plan S. 49 südöstl. c5

€€€ | **Mazina** Von der Uferpromenade einfach eintreten: Es gibt arabische, asiatische und europäische Speisen, frisch an offenen Küchencountern zubereitet. Auch Frühstück und Brunch sind zu empfehlen. ■ Al Marsa St, Tel. 04/888 34 44, www.theaddress.com, tgl. 6.30–23 Uhr, Plan S. 49 b5

Cafés

Smoky Beach Coole Location zum Chillen, dabei einen kleinen – auch vegetarischen – Snack genießen und sich mit einem leckeren alkoholfreien Cocktail erfrischen. ■ Am JBR Jogging Track, Tel. 04/544 33 02 15, tgl. 10–3 Uhr, Plan S. 49 b5

Einkaufen

Dubai Marina Mall Im Verhältnis zu den Supermalls fällt die DMM eher klein aus, hält aber mit mehr als 90 Geschäften verteilt auf vier Etagen immer noch reichlich Auswahl in ihren Boutiquen und Elektrogeschäften bereit. ■ Sheikh Zayed Rd, Tel. 04/436 10 20, www.dubaimarinamall.com, Sa–Mi 10–22, Do, Fr 10–24 Uhr, Plan S. 49 b4

Kneipen, Bars und Clubs

Pure Sky Lounge Was für eine gelungene Kombination: grandioser, weiter Blick und richtig coole Cocktails, zu finden auf dem Dach (35. Stock) des Hilton Hotels. Auch Mixology-Kurse werden hier angeboten. ■ The Walk, Tel. 04/374 78 88, www.hilton.com, tgl. 17–2 Uhr, Plan S. 49 b5

Erlebnisse

XLine Mit bis zu 80 km/h durch die Luft rauschen und die Dubai Marina dabei aus der Vogelperspektive betrachten kann man aus dieser etwa 1 km langen Seilrutsche. Der Spaß dauert zwar nur etwas mehr als eine Minute, aber die wird Ihnen wie eine halbe Ewigkeit vorkommen – garantiert. Und wer sich allein nicht traut: Das Ganze geht auch zu zweit nebeneinander. ■ Dubai Marina Mall, Level P, Tel. 04/457 32 12, http://xline.xdubai.com, Do–Di 9–17 Uhr, 650 AED, 2 Pers. 1200 AED, online günstiger, Plan S. 49 b5

7 Hatta

Schmucke Oase für Wochenendausflügler, Offroad-Fahrer und Vogelbeobachter

Information

■ Hatta Wadi Hub by Meraas, nahe Dubai–Hatta Rd, Tel. 80 06 372 27, www.visithatta.com, Okt.–Mai tgl. 8–20 Uhr

Man mag es kaum glauben, aber neben der lauten Glitzermetropole gibt es im Emirat Dubai auch eine richtig schöne Oase der Natur, die kleine Exklave Hatta am Rand des Hajar-Gebirges. Hier kommen Wanderer und Vogelfreunde auf ihre Kosten, ebenso Offroad-Fahrer, die gern die wild-bizarre Bergwelt erkunden. Auf dem Weg nach Hatta kommt man an einem sehr schönen Wüstengebiet vorbei, das man entweder zu Fuß oder im Rahmen einer (Kamel-)Safari erkunden kann. Dort finden sich auch die höchsten Sanddünen des Emirats, wo sich am Wochenende Motorsportler gern mit ihren Vehikeln austoben. Da kann es dann zwischen den vierradgetriebenen Quads und Geländewagen schon mal laut und ungemütlich werden. Die beliebten Hatta Pools kann man nicht so ohne Weiteres besuchen, da sie zu Oman gehören und man dafür ein- und ausreisen müsste.

Sehenswert

Hatta Heritage Village

| Freilichtmuseum |

Dieses nachgebaute emiratische Dorf umfasst Häuser und Hütten in unter-

Die grüne Exklave Hatta liegt rund 150 km östlich der Hauptstadt Dubai

Der Hatta-Damm und seine Umgebung bieten Gelegenheit für Outdoor-Aktivitäten

schiedlichen Baustilen, errichtet aus Lehmziegeln oder Palmblättern. In den Innenräumen sind Ausstellungen über Bewässerung, Schulwesen, traditionelle Lieder und Tänze sowie ein Museumsshop untergebracht. Die Bauten gruppieren sich zu Füßen und am Hang eines steinigen Hügels, auf dem ein restaurierter Wachturm einen weiten Blick über den Ort und das von Bergen gerahmte Umland ermöglicht. Diesen Rundturm (»burj«) ließ Sheikh Hasher bin Maktoum bin Butti in den 1880er-Jahren errichten. Zum historischen Dorf gehört auch die Festungsanlage, in deren viereckigem Turm Waffen, Fotografien und ein interessantes Video Hattas Vergangenheit beleuchten.

■ Am westl. Ortsrand von Hatta, Tel. 04/852 13 74, Sa–Do 8–20, Fr 14.30–20 Uhr, Eintritt frei

Hatta-Damm

| Staudamm |

Ja, Sie lesen richtig, es gibt in dieser trockenen Region einen Staudamm, angelegt für die Bewässerung und Speicherung von Trinkwasser. Natürlich ist so etwas ein Publikumsmagnet, allein schon wegen des tiefblauen Wassers vor grandioser Bergkulisse, und so sind besonders an den Wochenenden viele Besucher da und befahren die 32 m hohe Dammkrone oder den Stausee mit einem der bunten Tretboote und Kajaks, die es dort zu mieten gibt. Auf der breiten Überlaufrinne des Damms prangt eins der größten Wandbilder der Welt und zeigt die beiden Gründerväter der Emirate, Sheikh Zayed bin Sultan al-Nahyan und Sheikh Rashid bin Saeed al-Maktoum.

■ 2 km südl. vom Heritage Village

Verkehrsmittel

Stdl. verkehrt ein **Bus** der Linie E16 zwischen Dubai Sabka Station und Hatta. ■ www.rta.ae, ca. 2½ Std., einfache Fahrt ca. 11 AED

Parken

An den Sehenswürdigkeiten finden sich ausreichend Parkplätze – außer vielleicht am Wochenende.

Restaurants

€€ | **Tanoor Lahm** Es ist zwar ein Straßenrestaurant, aber die arabischen Speisen sind gut und schnell zubereitet, weshalb auch die Einheimischen hier essen. ■ Dubai–Hatta Rd, Mobil 05 02 30 68 00, tgl 13–1 Uhr

Cafés

Hatta Wild Café Sheikh Mohammed hat hier auch schon einen kleinen Schwarzen getrunken, Zeit für ein Essen aus Erzeugnissen der Umgebung hatte er nicht – im Gegensatz zu Ihnen hoffentlich. ■ E44 Hatta-Oman Rd, Mobil 05 02 55 71 55

Einkaufen

Mazeira Roadside Market Rund 15 km westl. von Hatta liegt an der Straße nach Dubai dieser lokale Markt, auf dem Keramik und Kunstfaserteppiche verkauft werden. Viel Kitsch ist dabei, aber die ein oder andere Kleinigkeit lässt sich finden. ■ Dubai–Hatta Rd, tgl. 8–22 Uhr

Sport

Hatta Wadi Hub bietet in der Saison von Okt.–Mai eine Vielzahl sportlicher Aktivitäten an, dazu gehören u. a. **Kayaking** auf dem Stausee, **Mountainbiking**, **Wandern** und **Bogenschießen**. ■ Tel. 800 63 72 27, www.visithatta.com

Im Blickpunkt

Kostbares Wasser

Die Emirate liegen in einem der trockensten Gebiete der Erde, und ihre natürlichen Wasserressourcen sind mittlerweile so gering, dass sie unterhalb der von der WHO festgelegten Grenze für Wasserknappheit liegen. Vor Ort bekommt man davon jedoch nichts mit, denn Wasser ist jederzeit und allerorten verfügbar. Doch es gibt ein massives Versorgungsproblem, denn der durchschnittliche Pro-Kopf-Verbrauch liegt in den VAE bei ca. 750 Liter pro Tag (in Deutschland sind es 123 Liter). Abhilfe sollen Meerwasserentsalzungsanlagen schaffen, eine der größten steht bei Dubai und produziert 21 000 000 000 Liter oder 21 Mio. m^3– täglich! Doch der Aufwand ist enorm, der Stromverbrauch immens und die anfallende Salzlösung ein durchaus ernst zu nehmendes Umweltproblem, vor allem wenn man bedenkt, dass der Arabische Golf ein vergleichsweise kleines und flaches Gewässer ist. Eine Besserung der Situation ist derzeit leider nicht in Sicht!

Übernachten

Man mag es kaum glauben aber trotz des Baubooms der vergangenen Jahre wird es mit den Betten in Dubai zu Spitzenzeiten eng – vor allem bei den bezahlbaren. Wer kein Strandhotel mehr bekommt, nimmt ein formidables Stadthotel und nutzt den meist kostenlosen Shuttleservice ans Meer!

Dubai (Stadt), Deira 44

€–€€ | **Youth Hostel** Komfortable Einzel-, Doppel- und Familienzimmer im neuen Flügel des Hostels. Es liegt zwar etwas abseits, besticht aber mit günstigen Preisen. Es gibt keine Altersbegrenzungen, männliche wie weibliche Reisende sind willkommen. ■ Al-Nahda Rd, Tel. 04/298 81 51, www.uaeyha.com

€€ | **Ahmedia Heritage Guest House** fünf schöne, teils mit Antiquitäten eingerichtete Zimmer in einem restaurierten historischen Perlenfischerhaus neben der Al-Ahmadjya-Schule. ■ Al Fahidi St, Tel. 04/351 91 11, www.ahmediaguesthouse.com

€€ | **Millennium Airport Hotel** 115 ansprechende Deluxe- und 72 gepflegte Chalet-Zimmer ca. 1 km vom Flughafen entfernt. Swimmingpool im Garten, verschiedene Restaurants im Haus. Gutes Preis-Leistungs-Verhältnis. ■ Casablanca St, Tel. 04/702 88 88, www.millenniumhotels.com

€€ | **St George Hotel** Sehr zentral am Creek gelegen, freundliche Mitarbeiter, aber bisweilen etwas laut, deshalb besser ein Zimmer in den oberen Stockwerken nehmen. ■ Baniyas St, Tel. 04/225 11 22, www.stgeorgedubai.ae

€€€ | **Hyatt Regency Dubai** Von außen keine Schönheit, drinnen aber gibt es 380 Zimmer, 350 Apartments und 26 Suiten vom Feinsten, den Fitness & Spa Club Olympus, eine Eislaufbahn, sechs Bars und fünf erstklassige Restaurants, u. a. das Al Dawaar mit toller Aussicht. ■ Al-Khaleej Rd, Tel. 04/209 12 34, www.hyatt.com

Dubai (Stadt), Downtown ... 55

€€€ | **Fairmont Dubai** Der markante Hotelturm beherbergt 394 Zimmer und sechs Penthouse-Suiten auf 34 Etagen, teils traditionell arabisch und sehr opulent ausgestattet, teils im japanischen Stil. ■ Sheikh Zayed Rd, Tel. 04/332 55 55, www.fairmont.com

Dubai (Stadt), Jumeirah 60

€€€ | **Burj al-Arab** Luxus hat seinen Preis, dafür reichen die Suiten über zwei Etagen und ein Butler lässt das Bad ein, dazu gibt es Sportangebote sowie acht Restaurants und Bars. ■ Jumeirah Rd, Tel. 04/301 77 77, www.burj-al-arab.com

€€€ | **Jumeirah Beach Hotel** Das Top-Hotel mit der wellenförmigen Silhouette steht etwas im Schatten des benachbarten Burj al-Arab, doch wohnt man bestens in einem der 600 großen, gut ausgestatteten Zimmer. Dazu kommt der beinahe 1 km lange hoteleigene Strand mit zahlreichen Wassersportmöglichkeiten und dem beliebten Sindbad's Kid Club. Unter den 21 Restaurants und Bars im Hause serviert »Der Keller« auch deutsche Küche. ■ Jumeirah Rd, Tel. 04/348 00 00, www.jumeirahbeachhotel.com

Dubai (Stadt), Palm Jumeirah 65

€€ | Aloft Palm Jumeirah Bezahlbare Alternative zu den teuren Hotels auf der Insel – inkl. toller Blick auf die Skyline, Strand, Bars und sieben Restaurants. ■ East Crescent Rd, Tel.04/247 5555, www.marriott.com

Dubai (Stadt), Dubai Marina und außerhalb 68

€€–€€€ | Hilton Dubai The Walk Wie komfortabel es sein kann, in einem Wolkenkratzerwald mit Blick auf den Hafen zu wohnen, kann man hier authentisch erleben. ■ The Walk, Tel. 04/399 11 11, www.hiltonhotels.de

€€€ | Al Maha Desert Resort & Spa Ungestörter Luxus inmitten der Wüste. 42 unterschiedlich große Suiten, jede davon mit eigenem Pool, dazu Restaurant, Mietwagen und Vollblutpferde. ■ Dubai–Al Ain Highway, Abfahrt ca. 65 km südöstl. von Dubai, Tel. 04/832 99 00, www.al-maha.com

18 **€€€ | Bab al-Shams** Mitten in der Wüste setzt sich die Eleganz der Sanddünen in Architektur und Einrichtung dieses Resorts fort. Auf den Dächern laden weiche, orientalisch verzierte Sitzkissen zum Verweilen, während der Blick in die Wüste schweift und eine sanfte Brise die Schatten spendenden Palmwipfel umweht. ■ Al Qudra Rd, 50 km südöstl. von Dubai, Tel. 04/809 61 00, www.babalshams.com

Hatta 71

€€€ | Hatta Fort Hotel Gepflegte Chalets im Garten vor der herrlichen Kulisse des Hajar-Gebirges. Breites Sportangebot von Bogen- und Tontaubenschießen bis Tischtennis, Jogging- und Walkingtrails. Gute Restaurants und Bars. Am Wochenende oft voll, deshalb rechtzeitig reservieren. ■ Hatta-Oman Rd, Tel. 04/814 54 00, www.jaresortshotels.com

ADAC *Das besondere Hotel*

Das **XVA Hotel**, ein kleines Haus in Bur Dubai, der Altstadt Dubais, bietet seinen Gästen ein ganz besonderes Flair in seinen 14 Zimmern, stilvoll mit traditionellen Motiven eingerichtet. Ein gemütlicher Innenhof und Sitzecken laden zum Entspannen ein. Zahlreiche Kunstwerke, die das kreative Spektrum der Region präsentieren, schmücken das Hotel – zu sehen auch in der dazugehörigen XVA Gallery. *€€ | Al Fahidi St, Tel. 04/353 43 83, www.xvahotel.com*

Sharjah – Eldorado arabischer Kunst und Kultur

Das kleine Emirat geht seit der Staatsgründung unbeirrt seinen eigenen auf Kunst und Kultur ausgerichteten Weg

Sharjah ist das drittgrößte der Vereinigten Arabischen Emirate und das einzige, das Territorien sowohl an der West- als auch an der Ostküste besitzt. Das hat ihm allerdings weder politisch noch wirtschaftlich großen Einfluss gebracht. Deshalb setzt die herrschende Familie der Al-Qasimi – die Anfang des 19. Jh. als Piraten verunglimpft wurde, weil sie sich gegen das Vordringen des britischen Empire wehrte – heute voll auf Kultur. Sie ließ die Altstadt wunderbar restaurieren und zahlreiche Museen darin einrichten. Und als in der Altstadt kaum noch Platz war, baute man am Stadtrand weiter, u. a. das Maritime Museum und ein Aquarium. Nirgends sonst in den VAE bekommt man einen so tiefen Einblick in die islamische Kultur, Kalligrafie, Bautradition, Schifffahrt und Archäologie wie hier. Für dieses Engagement ernannte man Sharjah 1998 zur Kulturhauptstadt der arabischen Welt. Trotzdem tut sich der Tourismus in Sharjah manchmal etwas schwer angesichts des kompletten Alkoholverbots. Schade, denn das kleine Emirat besitzt durchaus seinen eigenen Charme, hat wunderbare Strände, eine wachsende Hotellerie, und weil vieles in Sharjah eine Nummer kleiner ist als in der nur 10 km entfernten Megacity Dubai, ist es dadurch oft auch etwas sympathischer. Dass es auch »ohne« geht, beweisen steigende Besucherzahlen und ganz umsonst wird das Emirat den Titel »Hauptstadt des arabischen Tourismus« 2015 nicht erhalten haben.

In diesem Kapitel:

8 Sharjah (Stadt)  78
9 Sharjah Desert Park 88
10 Al Hefaiyah Mountain Conservation Centre 89
11 Kalba 90
12 Khor Fakkan 91
Übernachten 93

ADAC Top Tipps:

8 Museum of Islamic Civilization, Sharjah (Stadt)
| Museum |
Die vielfältigen wunderbaren Errungenschaften des Islam, u. a. in der Astronomie und Navigation, präsentiert dieses Museum. 78

Heritage Area, Sharjah (Stadt)

| Altstadtviertel |

In kaum einer anderen Stadt am Golf findet sich ein derart intaktes und schönes Ensemble alter Wohnstrukturen wie hier – samt Suq und netten kleinen Museen. 80

ADAC Empfehlungen:

Fischsuq, Sharjah (Stadt)

| Markt |

Ein herrliches Gewusel herrscht in den Gängen inmitten stimmkräftiger Verkäufer und ihrem Angebot an frischen Waren. 82

Blue Suq, Sharjah (Stadt)

| Markt |

Historische Stilelemente und farbige Kacheln machen den »Blauen Suq« zu einem Wahrzeichen der Stadt. ... 82

Zahr El Laymoun, Sharjah (Stadt)

| Restaurant |

Man muss aufpassen, sich nicht schon an den Vorspeisen satt zu essen. 86

Al Bait Boutique Hotel, Sharjah (Stadt)

| Hotel |

Die arabische Gastlichkeit macht hier das Wohlfühlerlebnis leicht. 93

8 Sharjah (Stadt)

Sharjah rühmt sich zu Recht als Stadt der Kunst und Kultur

Eine Promenade führt in Sharjah um die weite Lagune Khor Khalid

Information

- Sharjah Commerce and Tourism Development Authority (SCTDA), Crescent Tower, Corniche Rd, Tel. 06/556 67 77, www.visitsharjah.com, So–Do 7.30–14.30 Uhr
- Parken: siehe S. 86

Zu Unrecht steht Sharjah im Schatten der glitzernden Nachbarin Dubai, denn schon immer ist die Stadt erfolgreich eigene touristische Wege gegangen. Manchem mag sie zu ruhig erscheinen, doch genau das ist ihre Stärke: sich nicht vom Hype anstecken lassen, sondern mit kulturellen Sehenswürdigkeiten und interessanter Kunst begeistern.

Sehenswert

Museum of Islamic Civilization

| Museum |

Kulturelle Errungenschaften der islamischen Welt

Die auffällige, 17 m hohe golden glänzende Zentralkuppel des Museums ist innen mit blauen Glassteinen besetzt, zwischen denen glitzernde Mosaikstückchen Sternbilder darstellen. In insgesamt sechs Galerien zu den Themen Religion, Wissenschaft, Technologie, Astronomie, Medizin und Architektur sowie Kunsthandwerk und Kunst kann man wertvolle

Plan S. 80/81 

Koran-Handschriften bewundern, Erfindungen zu Astronomie und Navigation, Münzen aus allen Teilen der islamischen Welt, Kunstgegenstände, Waffen, Werkzeuge, Textilien und vieles mehr. Ein Museumsshop und ein Café runden das Angebot ab.

■ Corniche St, Tel. 06/565 54 55, https://www.sharjahmuseums.ae, Sa–Do 8–20, Fr 16–20 Uhr, Eintritt 10 AED, Kinder 5 AED

2 Sharjah Art Museum

| Kunstmuseum |

Das Kunstmuseum liegt nahe der Altstadt in einem kleinen Künstlerviertel, in dem sich einige Einrichtungen der traditionellen und modernen Kunst widmen. Der lang gestreckte, sandhelle Gebäudequader des Museums mit den auffälligen Windtürmen beherbergt Arbeiten zeitgenössischer arabischer Künstler sowie wechselnde Ausstellungen. In weiteren Räumen sind Fotos und Gemälde aus der Kunstsammlung von Sheikh Al-Qasimi zu sehen. Darüber hinaus finden hier regelmäßig Kunstbiennalen (www.sharjahart.org) statt. Dem Museum sind auch einige Ateliers angegliedert und gleich gegenüber im weißen Gebäudekomplex des Bait Obeid al-Shamsi sind die Sharjah Art Galleries untergebracht. Mit etwas Glück trifft man einheimische Künstler dort in ihren Werkstätten oder Galerien. Zeitgenössische Holzarbeiten sind hier ebenso zu sehen und zu erwerben wie Gemälde, Keramik und Metallskulpturen.

■ Arts Square, Tel. 06/568 82 22, https://www.sharjahmuseums.ae, Sa–Do 8–20, Fr 16–20 Uhr, Eintritt frei

3 Arts Area

| Kunst- und Galerieviertel |

In der Arts Area rund um das Museum haben sich verschiedenste Organisationen und Künstler niedergelassen, was dem Viertel ein besonderes Flair verleiht. Mit etwas Glück kann man in einem der Ateliers der Entstehung eines Kunstwerks beiwohnen oder es direkt beim Künstler erwerben.

4 Sharjah Fort

| Museum |

Die Festung ist ein Nachbau der 1820 errichteten Residenz von Sheikh Mohammed bin Saqr al-Qasimi, die 1969 abgerissen wurde, um die Innenstadt mit einem modernen Straßennetz erschließen zu können. Lediglich der steinerne Rundturm Al-Kalbs rechts vom Eingangsportal ist original erhalten. In seinem Inneren erinnern Hand- und Fußketten daran, dass er ursprünglich als Gefängnis diente. Der Turm ist Teil der weiß gekalkten Wehrmauer, die den etwa 30 × 30 m großen gepflasterten Innenhof umrahmt. Die umliegenden Räume beherbergen Ausstellungsstücke zur Geschichte der Stadt und des Emirats: historische Fotografien ebenso wie den Sharjah-Schatz aus 93 Maria-Theresia-Talern, die im 18. Jh. in einem Krug versteckt und erst 100 Jahre später bei Ausschachtarbeiten wiedergefunden wurden.

■ Hisn Ave, Tel. 06/568 55 00, https://www.sharjahmuseums.ae, Sa–Do 8–20, Fr 16–20 Uhr, Eintritt 10 AED, Kinder 5 AED

5 Heritage Area

| Altstadtviertel |

9 *In Museen und Gassen Sharjahs vergangenen Zeiten nachspüren*

Die Heritage Area liegt direkt an der Uferstraße, von der man einen guten Blick auf die alten Holzschiffe im Hafen hat, die hier immer noch vor Anker gehen. Allerdings bringen sie ihre Wa-

ren nicht mehr in die vielen kleinen Gassen und Läden der Heritage Area. Dort finden sich heute zahlreiche Museen, ein paar Restaurants und der Suq Al Arsah. In seinen mit Palmblättern überdachten Gassen ist von der Shishapfeife bis zum Krummdolch, vom Kaschmirschal bis zum Teppich alles zu kaufen, was des Touristen Herz erfreut. Dank der pittoresken Windtürme und kubischen Bauten vermittelt dieses Stadtviertel einen Eindruck vom einstigen Leben in Sharjah. Zu den vielen kleinen Museen des Viertels gehören das Al Eslah School Museum (Eintritt frei), das Calligraphy Museum (10 AED, Kinder 5 AED), das

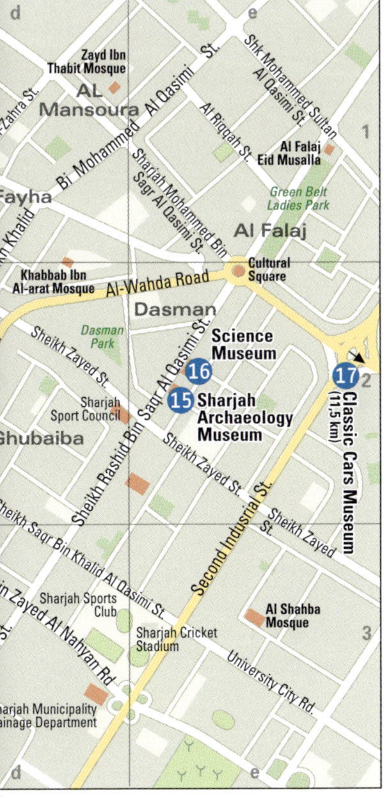

erlesene Stücke arabischer Schriftkunst präsentiert, und das Haus (arab. »bait«) des ehemaligen Perlenhändlers Khalid bin Ibrahim (10 AED, Kinder 5 AED), zu dessen Hausstand wertvolle Knüpfteppiche sowie reich verzierte Dolche und Schwerter gehören.

■ Corniche St, https://www.sharjahmuseums.ae, Sa–Do 9–21, Fr 16–21 Uhr

6 Heritage Museum

| Museum |

Ein Highlight in Sharjahs Heritage Area ist das Heritage Museum. Hier lassen sich Traditionen und Bräuche des Emirats bis in die Zeiten zurückverfolgen, als die Bewohner noch von Perlenhandel und Fischfang lebten. Schwerpunkte sind neben musikalischen Überlieferungen und Folklore vor allem die soziale Entwicklung sowie das Leben in den unterschiedlichen Regionen des Emirats, von der Wüste bis zu den Bergen im Osten.

■ Tel. 06/568 00 06, https://www.sharjahmuseums.ae, Sa–Do 8–20, Fr 16–20 Uhr, Eintritt 10 AED, Kinder 5 AED

7 Bait Al Naboodah

| Museum |

Alle Museen wollen Sie nicht besichtigen, wissen aber nicht, welches es sein soll? Dann nehmen Sie sich wenigstens Zeit für dieses hier. Das Bait Al Naboodah ist ein traditionelles, 1845 aus Korallenstein errichtetes zweistöckiges Anwesen mit Innenhof. Dessen außergewöhnliche Größe von 510 m² lässt auf den Reichtum des Erbauers, den Perlenhändler Obaid bin Issa bin Ali-Shamsi, genannt Al-Naboodah, schließen. Die Räume gewähren einen Einblick in den Alltag der wohlhabenden Kaufmannsfamilie, die Geschäftskontakte nach Indien, Frank-

Das architektonische Wahrzeichen Sharjahs, in dem sich herrlich einkaufen lässt

reich und Afrika pflegte. So stammt ein Teil der Ausstattung, wie die wertvollen Holzschnitzarbeiten, aus Sansibar.

■ Tel. 06/556 60 02, https://www.sharjahmuseums.ae, Sa–Do 8–20, Fr 16–20 Uhr, Eintritt 10 AED, Kinder 5 AED

Fischsuq

| Markt |

Quirliger Markt rund um Neptuns Früchte

Am Beginn des Sharjah Creek liegt der Fischmarkt. Er ist Teil eines wunderbaren Ensembles mehrerer Märkte, die sich zu beiden Seiten der Corniche Street etabliert haben. Neben den Klein- und Haustieren und zahlreichen Pflanzen nebst Töpferwaren locken besonders die Obst- und Gemüsehändler im Suq Al-Jubail mit bunten frischen Auslagen, und von den Datteln darf man gern probieren. Gleich nebenan preisen die Fischhändler bei den täglichen Auktionen am frühen Morgen lauthals ihre Waren an, darunter frischer »hamour« (Barsch), »hamra« (Schnapper), »safi« (Scholle) oder kleine Cigalee-Krebse.

■ Corniche St, tgl. 6.30–12.30, 17–22 Uhr

Blue Suq

| Markt |

Das Gebäude ist das architektonische Wahrzeichen der Stadt

Dank seiner prächtigen, blau-gold gekachelten Tonnendächer – daher der Name »blauer Markt« – und den daraus schornsteinartig emporwachsenden Windtürmen ist der Blue Suq das architektonische Wahrzeichen der Stadt. Das moderne, auch Central Market oder Souk Markazi genannte Einkaufszentrum öffnete 1979. Seine prächtige neoislamische Architektur wurde von keinem Geringeren als dem Herrscher von Sharjah, Sheikh Sultan bin Mohammed al-Qasimi, persönlich entworfen. In den beiden parallel zueinander angeordneten Gebäuden bieten auf zwei Stockwerken mehr als 600 Geschäfte von Gold- und Silberschmuck über Teppiche, Elektroartikel und Textilien bis hin zu Backgammonspielen und Shishapfeifen eine reiche Auswahl an Waren und Mitbringseln.

■ Corniche St, tgl. 10–13, 16–22 Uhr

10 Maritime Museum

| Museum |

Am Ufer der Khan-Lagune liegt fest vertäut die Dhau »Al Qasimiyah«, die zur Sammlung des Maritime Museum gehört. Wie ein solches Schiff gebaut wird, erfährt man darin ebenso wie allerlei Interessantes über Perlenfischerei, Navigation und ehemalige Handelsrouten in arabischen Gewässern.

■ Al Meena St, Tel. 06/528 25 28, https://www.sharjahmuseums.ae, Sa–Do 8–20, Fr 16–22 Uhr, Eintritt 10 AED, Kinder 5 AED

11 Aquarium

| Aquarium |

Auf zwei Stockwerken präsentiert das Aquarium aufregende Unterwasserwelten, denn in 20 Becken tummeln sich 250 verschiedene Spezies von possierlichen Clownfischen über große Rochen bis hin zu eleganten Haien.

■ Al Meena St, Tel. 06/528 52 88, https://www.sharjahmuseums.ae, Sa, Mo–Do 8–20, Fr 16–22 Uhr, Eintritt 25 AED, Kinder15 AED

12 Al Montazah Park

| Freizeitpark |

Der Park ist eine Art Dauerkirmes mit Fahrgeschäften, Wasserpark und allerlei Ablenkungen und Spielmöglichkeiten für Kinder. Natürlich gibt es auch kleinere Restaurants für den Hunger zwischendurch. Ideales Ziel für einen Familienausflug, den auch einheimische Eltern gerne nutzen.

■ Al Arouba St, auf Flag Island, Tel. 06/511 05 55, www.almontazah.ae, tgl. 10–22 Uhr, Eintritt 30 AED, Fahrgeschäfte extra

13 Al Majaz Waterfront

| Parkanlage |

Der schön angelegte Park mit seinen großen Grünflächen wird viel von der lokalen Bevölkerung genutzt, denn hier gibt es neben Spielplätzen und Skulpturen auch kleine Märkte, die Möglichkeit für Lagunenrundfahrten mit den klassischen Wassertaxen, »abras«, oder mit Elektrobooten. Mehrere Restaurants und Cafés laden ebenfalls zum Verweilen ein.

Teil der Waterfront ist die **Sharjah Fountain**, die zu einer beeindruckenden Sound & Light Show leuchtende Wasserfontänen in die Luft schießt. Und wer jetzt glaubt, die Sharjarianer hätten von den Dubaiern abgekupfert,

ADAC *Spartipp*

Wer die Hitze nicht ganz so gut verträgt und darüber hinaus ein Faible für Museen hat, der findet in den kühlen Ausstellungen von Sharjahs Altstadt nicht nur genug zu besichtigen, sondern spart mit dem **»Joint Ticket«** 50 % der Eintrittsgelder. Das Ticket gilt für die folgenden fünf Museen und ist an deren Kasse erhältlich: Art Museum, Sharjah Fort, Calligraphy Museum, Heritage Museum und Bait al Naboodah.

der irrt, denn diesen Brunnen gibt es bereits seit den 1970er-Jahren. Okay, die Soundshow kam später …

■ Al Buhaira Corniche Rd, Tel. 06/511 70 00, www.almajaz.ae, tgl. 9–24 Uhr, Wasserspiele Sa–Do 18.30–23.30, Do, Fr bis 0.30 Uhr, Eintritt frei

14 Al Mahatta

| Museum |

Sharjah war die erste Stadt der VAE mit einem eigenen Flughafen – wenn man eine staubige Piste samt Holzbaracke so nennen möchte. Dieses Museum präsentiert mittels Karten, Dokumenten und alten Flugzeugen die Geschichte der Fliegerei im Emirat.

■ Al Estiqlal St, Tel. 06/573 30 79, https://www.sharjahmuseums.ae, Sa–Do 8–20, Fr 16–20 Uhr, Eintritt 10 AED, Kinder 5 AED

15 Sharjah Archaeology Museum

| Museum |

Das Archäologiemuseum nimmt seine Besucher mit auf eine spannende Reise durch die Vergangenheit des Emirats, denn hier war mehr los, als man gemeinhin vermutet. Den Auftakt bilden Werkzeuge aus Stein und Muscheln, gefolgt von formschöner Keramik der Al-Obaid-Periode (ca. 5000 v. Chr.), die aus Mesopotamien importiert wurde. Rund 3000 Jahre alt ist die knapp 20 cm hohe, mit roten und schwarzen Streifen verzierte Tonfigur eines Lastkamels. Die Bronze- und Eisenzeit sind u. a. mit Küchengeräten, Schmuck und Waffen vertreten. Aramäische Texte und Kalligrafien leiten zur präislamischen Epoche (300 v. Chr.–600 n. Chr.) über. Aufsehenerregendes Highlight aus dieser Zeit ist die Nachbildung eines Grabhügels, in dem ein wohlhabender Mann samt Pferd bestattet wurde. Im Original zu bestaunen ist das mit goldenen Schmuckscheiben besetzte Zaumzeug des Tieres.

■ Sheikh Rashid Bin Saqr Al Qasismi St, Tel. 06/566 54 66, https://www.sharjahmuseums.ae, Sa–Do 8–20, Fr 16–20 Uhr, Eintritt 10 AED, Kinder 5 AED

ADAC *Wussten Sie schon?*

Die schwarze **Kordel**, arab. »agal«, die die Männer auf dem Kopf tragen, um das weiße Tuch zu fixieren, war ursprünglich eine Fußfessel für Kamele. Damit man sie schnell griffbereit hatte, wickelte man sie sich während des Reitens einfach um den Kopf.

Viel Platz für alle möglichen Aktivitäten bietet die Al Majaz Waterfront

16 Science Museum

| Museum |

Das umfangreiche Angebot dieses Museums der Wissenschaften richtet sich in erster Linie an Kinder, doch auch Erwachsenen macht es Spaß, bei zahlreichen interaktiven Experimenten die Zusammenhänge von Wissenschaft und Technik zu erkunden. In der zentralen »Exhibition Hall« kann man beobachten, wie viel Wasser der eigene Körper verdrängt, kann selbst Papier herstellen oder mit einem Synthesizer Klangwelten schaffen. Die »Demonstration Hall« sorgt für weitere Überraschungen, wenn z. B. elektrische Spannung den Besuchern die Haare zu Berge stehen lässt. Zum Museum gehört auch ein Planetarium.

■ Sheikh Rashid Bin Saqr Al Qasismi St, Tel. 06/566 87 77, https://www.sharjahmuseums.ae, Sa–Do 8–20, Fr 16–20 Uhr, Eintritt 10 AED, Kinder 5 AED

17 Classic Cars Museum

| Automobilmuseum |

Poliertes Chrom und glänzender Lack beherrschen das Bild, denn sogar unter der Decke hängen die spektakulären Oldtimer. Wahre Schmuckstücke unter all den Rolls-Royces, Fords, Chevrolets, Bentleys und Bedfords etwa sind ein Dodge aus dem Jahr 1915 oder einer von insgesamt nur 2677 hergestellten Mercedes-Benz Pullmans.

■ Airport Rd, Tel. 06/588 02 22, https://www.sharjahmuseums.ae, Sa–Do 8–20, Fr 16–20 Uhr, Eintritt 10 AED, Kinder 5 AED

Verkehrsmittel

Die meisten Sehenswürdigkeiten liegen zentral im Stadtgebiet und sind bequem zu Fuß zu erreichen. Außerhalb des Zentrums sind Sie mit dem **Taxi** am einfachsten und schnellsten unterwegs. Verschiedene **Buslinien** der staatlichen Gesellschaft Mowasalat (www.mowasalat.ae) verkehren tgl. von 6–23 Uhr und kosten im Durchschnitt 8 AED. Zu den Hauptverkehrszeiten morgens und abends sind die Busse leider meist überfüllt.

Parken

An der **King Faisal Mosque** in der King Abdul Aziz St findet sich außer freitags während der Gebetszeit immer ein freies Plätzchen, ebenso am **Majaz Park** in der Corniche St.

Restaurants

€ | **Afadhil** Die Lage ist nicht besonders, die einheimische und nordindische Küche dafür umso besser. Lucknowi Chicken, Lammkebab, Lassi … ■ Al Wahda St, Tel. 06/533 53 51, tgl. 9–23 Uhr, Plan S. 80/81 c3

€ | **Madfoon Al Khaimah** Lokale Küche in einem bodenständigen Restaurant. Erstaunlich, auf wie viele leckere Arten man Hühnchen mit Reis zubereiten kann. ■ Corniche St, Tel. 06/574 11 44, www.almadfoongroup.com, tgl. 12–24 Uhr, Plan S. 80/81 c3

21 €€ | **Zahr El Laymoun** Ein ausgezeichneter Libanese zum Schwelgen und dazu eine wunderbare Location direkt am Wasser. Ob zum Frühstück, für den kleinen Hunger zwischendurch oder ein wunderbares Dinner, hier schmeckt es einfach gut!

Vier Stockwerke und jede Menge zu kaufen: die Mega Mall in Sharjah

■ Al Majaz Waterfront, Tel. 06/552 11 44, www.zahrellaymoun.com, Fr–Mi 9–24, Do 9–1 Uhr, Plan S. 80/81 c3

Cafés

Pappa Roti Müde Füße vom vielen Laufen? Dagegen hilft ein cremiger Kaffee oder heißer Tee und dazu etwas Süßes, also ab zu Pappa Roti! Das Café hat sogar Lagunenblick! ■ Corniche St, Tel. 06/525 88 80, www.pappa roti.ae, Sa–Do 7–24, Fr 7–11.30, 13–24 Uhr, Plan S. 80/81 b3

Einkaufen

Mega Mall Der Name trägt zwar etwas dick auf, aber in den 150 Geschäften gibt reichlich Auswahl u. a. an Uhren, Elektronikartikeln und viel Mode für sie und ihn. ■ Al Istiqlal St, Tel. 06/ 574 25 74, www.megamall.ae, So–Mi 10–23, Do, Sa 10–24 Uhr, Plan S. 80/81 c2

Safeer Mall Laut eigenen Angaben bietet die Mall auf ihren drei Etagen eine ausgewogene Mischung zwischen Einkaufen und Unterhaltung. Überzeugen Sie sich selbst. ■ Al-Khan Rd, Tel. 06/532 32 25, tgl. 10–23 Uhr, Plan S. 80/81 b3

Sahara Centre 350 Geschäfte mit den üblichen Verdächtigen – Mode, Sport, Accessoires etc., dazu Banken und Wechselstube. ■ Al Nahda St, Tel. 06/ 531 66 11, www.saharacentre.com, So–Mi 10–23, Do, Sa 10–24, Fr 10–12, 13–24 Uhr, Plan S. 80/81 südl. a3

Kinder

Discovery Centre In dem interaktiven Kindermuseum, das nicht nur unterhalten, sondern auch Wissen vermitteln will, laden »Water World«, »Body Zone« oder »Drive Town« zum Anfassen und Ausprobieren ein. Für Erwachsene kann es angesichts lärmender Automatenspiele und hupender Plastikfahrzeuge etwas anstrengend werden, doch die Kinder haben ihren Spaß bei Physikexperimenten, in den nachgebildeten Helikoptern oder an der Kletterwand. ■ Airport Rd, Tel. 06/558 65 77, www.sharjahmuseums.ae, Sa–Do 8–20, Fr 16–20 Uhr, Eintritt 10 AED, Kinder 5 AED, Plan S. 80/81 östl. e3

Im Blickpunkt

Plastiktüten Ade

In emiratischen Städten gibt es an faste jeder Ecke entweder ein Restaurant, ein Coffee-to-go-Lokal oder den kleinen Tante-Emma-Laden. Was immer man dort auch kauft, es landet garantiert in kostenlosen Plastiktüten – und sei es nur eine Packung Kaugummi. Noch gravierender ist der Tütenverbrauch in den großen Supermarktketten. Aber damit könnte bald Schluss sein, denn auch in den VAE wird man sich der Problematik zusehends bewusst und der erste große Discounter hat damit begonnen, keine Plastiktüten mehr an seine Kunden auszugeben. Andere könnten folgen, zumindest wird ernsthaft diskutiert, eine Gebühr zu verlangen.

Events

Sharjah Light Festival Alljährlich, meist im Februar, zelebriert die Stadt das Lichterfestival und gibt Künstlern verschiedener Couleur an mehreren

ADAC *Mobil*

Neben den normalen' blauen Straßenschildern mit weißer Schrift, die sowohl in Arabisch als auch auf Englisch beschriftet sind, weisen in allen großen Städten große **braune Schilder** mit weißer Schrift den Weg zu den Sehenswürdigkeiten in der Nähe. Auch auf den Überlandstraßen muss man nicht fürchten, verloren zu gehen, auch dort gibt es diese Schilder.

Orten in der Stadt die Gelegenheit, ihre Arbeiten zu präsentieren. ■ www.sharjahlightfestival.ae

Erlebnisse

Eye of the Emirates Das 60 m hohe, weiße Riesenrad mit dem zugegeben mutigen Namen »Auge der Emirate« steht auf Flag Island, und aus den 42 klimatisierten Kabinen reicht der Blick am höchsten Punkt mitunter bis nach Dubai, auf jeden Fall aber weit über Sharjah City. ■ Al Arouba St, auf der Insel Flag, Sa-Do 10–24, Fr 15–1 Uhr, 30 AED, Plan S. 80/81 b2

Entspannung

Al Qasba Die beiden großen Lagunen Sharjahs sind durch den Al-Qasba-Kanal miteinander verbunden. An seinen beiden Ufern hat sich eine beliebte Flaniermeile mit erstklassigen Restaurants, Galerien, Theater und Wasserspielen etabliert. Mit einsetzendem Sonnenuntergang ist die Stimmung besonders schön, die man bei einer Bootstour oder im Tretboot genießen kann. ■ Tel. 06/525 24 44, www.alqasba.ae, Plan S. 80/81 b3

9 Sharjah Desert Park

Der Wüstenpark belegt anschaulich, dass die arabische Wüste lebendig ist

Im Osten des Emirats liegt der etwa 1 km² große Sharjah Desert Park, dessen Herzstück das Arabia's Wildlife Centre ist, wo Sie Geparden und Gazellen in – beinahe – freier Wildbahn beobachten können. In großen, naturnah gestalteten Terrarien leben Chamäleons, Eidechsen und Schlangen. Die »Dark Area« ist den nachtaktiven Lebewesen wie Kamelspinne oder Skorpion gewidmet. Lebhaft geht es im Aviarium zu, in dem sich zahlreiche Vogelarten, vom Kiebitz bis zum Fal-

ken, ein Stelldichein geben. Ihre melodischen Gesänge und schrillen Pfiffe schallen bis zum Flamingogehege. In weiteren Gehegen sind, teils im Freien, teils hinter Glas, Arabische Paviane, Wölfe, Hyänen, Leoparden und Geparden zu sehen. Steinböcke klettern durch ausgedehnte Felsenkulissen, Gazellen, Oryxantilopen und Strauße grasen friedlich zu ihren Füßen. Dem Park ist eine »Children's Farm« angegliedert, in deren kleinem Streichelzoo Esel, Pferde, Ziegen und Kamele leben. Unweit des Wildlife Centre stellt das Natural History & Botanical Museum (Öffnungszeiten wie Wildlife Centre) die Geologie und sonstige Natur der Region in vier Ausstellungssälen anschaulich vor. Mithilfe von Vulkan- und Dinosauriermodellen blickt man zurück in die Zeit des Mesozoikums. Gesteinsproben, Muscheln und ein Diorama erläutern die heutige Landschaft.

■ Al Dhaid Rd, Tel. 06/531 19 99, www.epaashj.ae, So, Mo, Mi, Do 9–18.30, Fr 14–18.30, Sa 11–18.30 Uhr, Eintritt 15 AED, Kinder 5 AED

10 Al Hefaiyah Mountain Conservation Centre

Das Zentrum widmet sich bedrohten einheimischen Tierarten

Unter Reiseleitern kursiert die nette Geschichte einer Reiseteilnehmerin, die bei den Zeltnächten seltsame

Ohne Riesenrad geht es anscheinend nicht – auch Sharjah hat eins

Bis heute leben die meisten Einwohner Kalbas vom Fischfang

Angst zeigte. Darauf angesprochen kam die Antwort, sie hätte von den arabischen Leoparden gelesen und fürchte sich nun vor einer nächtlichen Begegnung. Diese Angst ist allerdings völlig unbegründet, denn von diesem edlen Tier gibt es leider nur noch wenige Exemplare in freier Wildbahn, wo sie zudem sehr scheu und zurückgezogen leben. Hier im Conservation Centre kann man ihnen – und 30 anderen heimischen Arten wie der Streifenhyäne oder dem Karakal gefahrlos begegnen.

■ Sharjah-Kalba Rd, Tel. 09/277 26 98, www.epaashj.ae/learning-centres/hmcc, Di-So 9–18.30 Uhr, Eintritt 30 AED

11 Kalba

Ruhiges Fischerdorf mit Vogelschutzgebiet am Golf von Oman

Böse Zungen behaupten, Kalba sei halb so groß wie der Friedhof von Chicago, dafür doppelt so tot. Das ist böse übertrieben, aber allzu viel Abwechslung darf man auch nicht erwarten. Schön ist u. a. die Anfahrt auf der Straße S116, die Kalba direkt mit Sharjah verbindet und durch die beiden einzigen Bergtunnel der Emirate im Hajar-Gebirge führt. Die meisten der rund 35 000 Einwohner Kalbas leben heute wie ihre Vorfahren vom Fischfang. Ein mitunter pittoreskes Bild geben die Männer mit ihren Booten am Strand ab. Dazu noch eine alte, aber eher schmucklose Festung aus der Zeit um 1800, erbaut von den noch heute regierenden Al-Qasimi. Für Ornithologen von großem Interesse ist der Meeresarm Khor Kalba, dessen drei Hauptzuflüsse etwa 5 km lang parallel zur Küste verlaufen. Seine sumpfigen Ufer bedeckt ein Mangrovenwald, der als der älteste Arabiens gilt. Krabben und Amphibien gibt es hier reichlich, außerdem sind die bizarr geformten luftwurzelnden Bäume die Heimat vieler, auch seltener Vogelarten. Besonderes Highlight für die Vogelbeobachter sind rotbeinige Stelzenläufer und bienenfressende Blauwangenspinte.

Sehenswert

Bird of Prey Centre

| Greifvogelzentrum |

Majestätisch breiten sie ihre Schwingen aus, schweben scheinbar mühelos stundenlang in den warmen Aufwinden der Abendsonne, um dann ansatzlos auf ihre anvisierte Beute herabzustürzen. So stellt man sich das Leben eines Adlers doch vor. Ob das so stimmt und welche Unterschiede es z. B. im Jagdverhalten zu Falken gibt, das erfährt man bei einem Besuch dieses wunderbaren Greifvogelzentrums. Bei den Live-Vorführungen sind bisweilen auch Eulen und Geier mit von der Partie.

■ Sharjah–Kalba Rd (E102), Tel. 09/277 08 80, www.epaashj.ae, So, Mo, Mi, Do 9–17.30, Fr 14–17.30, Sa 11–17.30 Uhr, Eintritt 50 AED

Bait Sheikh Saeed bin Hamad al-Qasimi

| Museum |

Direkt am Meer steht diese 1901 aus Lehmziegeln erbaute, ehemalige Herrscherresidenz. Fast dem Verfall preisgegeben, restaurierte man sie liebevoll, und so dient sie heute als Regionalmuseum und zeigt archäologische Fundstücke aus der näheren Umgebung, traditionelle Werkzeuge sowie eine interessante kleine Sammlung von Musikinstrumenten.

■ Kalba Square, Tel. 09/277 08 80, www.sharjahmuseums.ae, bei Redaktionsschluss wegen Renovierung geschl.

Parken

Kalba Corniche Park Hier gibt es ausreichend kostenlose Parkplätze, aber auch sonst hat man in Kalba keine Probleme, seinen Wagen irgendwo abzustellen. ■ Corniche Rd

12 Khor Fakkan

Taucher und Erholungssuchende schätzen die ruhige Exklave an der Ostküste

Ein besonders hübsches Fleckchen Erde nennt Sharjah etwas mehr als 20 km nördlich der Stadt Fujairah am Golf von Oman sein Eigen. Khor Fakkan liegt an einer wahren Märchenbucht, die von feinem, goldgelbem Sand gesäumt ist. Auf dem Grünstreifen dahinter wiegen sich hohe, Schatten spendende Dattelpalmen in der leichten Meeresbrise. Im zentralen Abschnitt begleitet eine schmucke kleine Einkaufsmeile mit diversen

ADAC *Spartipp*

Wer Zeit und kein Problem mit bisweilen voll besetzten Kleinbussen hat und seine Reisekasse schonen möchte, der probiert, mit einem **Sammeltaxi** von Ort zu Ort zu kommen. Man muss nur warten können, bis das Auto voll ist, was aber meist nie lange dauert. Einziger Nachteil ist, dass man selten zu einer bestimmten Adresse gebracht wird, nach dem Ausstieg also zusehen muss, wie man weiterkommt. Aber dafür gibt es dann ja Taxen, die auf kurzen Strecken nicht teuer sind. Von Dubai nach Umm al-Quwain z. B. zahlt man im Sammeltaxi nur 20 AED.

Geschäften, Cafés, Restaurants und Kiosken die Uferstraße. Nur der Containerhafen im Süden von Khor Fakkan stört die anmutige Bilderbuchidylle ein wenig. Der wirtschaftlich bedeutende, natürliche Tiefseehafen wurde in den vergangenen Jahren beträchtlich ausgebaut, auch ein Kreuzfahrtterminal kam hinzu.

Nachtleben und Rummel darf man trotzdem nicht erwarten, das Alkoholverbot in Sharjah verhindert ausschweifende Vergnügungen. Doch wer baden, schnorcheln oder tauchen will, windsurfen, Jetski fahren oder angeln auf der Hochsee, ist in Khor Fakkan richtig. Beliebt ist z. B. ein Bootsausflug nach Coral Island, wo Unterwassersportler die bunte Tier- und Pflanzenwelt eines Korallenriffs erkunden können. Im gebirgigen Landesinneren laden die Wadis des Hajar-Gebirges zu Ausflügen mit dem Geländewagen ein.

Restaurants

€€ | Golden Fork Die Küche ist asiatisch orientiert und bietet neben Fisch auch Fleisch und vegetarische Gerichte, dazu eine schöne Lage am Meer. ■ Corniche St, Tel. 09/238 70 92, tgl. 11–23 Uhr

Sport

7 Seas Divers Die Tauchschule bietet neben Kursen auch Tauch- und Schnorchelausflüge an (ab 315 AED bzw. 210 AED). Die Ausrüstung kann gemietet werden. ■ Tel. 09/238 74 00, www.7seasdivers.com, So–Do 9–17, Fr, Sa 7–19 Uhr

Ein feiner Sandstrand an der Bucht von Khor Fakkan lädt zum Faulenzen ein

Übernachten

Die Auswahl an Unterkünften ist in Sharjah noch nicht ganz so groß wie in Dubai, aber in puncto Qualität lassen sie sowohl in der Stadt als auch im gesamten Emirat Sharjah nichts zu wünschen übrig. Viele Reisende nutzen die günstigeren Übernachtungspreise und logieren hier statt im hektischen Dubai. Dank seiner beiden großen Lagunen hat man auch von den Stadthotels in Sharjah einen herrlichen Blick aufs Wasser und die Skyline der Golfmetropole.

Sharjah (Stadt) 78

€€ | **Beach Hotel** Das 5 km vom Zentrum entfernte Mittelklassehotel umschließt u-förmig den länglichen Pool mit freiem Blick auf Sandstrand und Meer und bietet reichlich Wassersportmöglichkeiten. Hoteleigener Shuttlebus in die Stadt und nach Dubai. ■ Sheikh Sultan al-Awal Rd, Tel. 06/528 13 11, www.mhgroupsharjah.com

€€ | **Lou'Lou'A Beach Resort** Prominent am feinen Sandstrand gelegene Hotelanlage, 3 km vom Stadtzentrum entfernt, mit 134 Zimmern und gutem Preis-Leistungs-Verhältnis. Wassersportmöglichkeiten, täglich Abendprogramm. ■ Al-Mina Rd, Tel. 06/528 50 00, www.loulouabeach.com

€€ | **Marbella Resort** Hübsche Apartmentvillen im Garten mit großen Suiten und Studios. Das Hotel ist im Stil eines kleinen Dorfes angelegt und befindet sich direkt an der Lagune. Shuttlebus zum Strand des Lou'Lou'A Beach Resort. ■ Corniche St, Tel. 06/574 11 11, www.marbellaresort.com

22 €€€ | **Al Bait** Der Name bedeutet schlicht »das Haus«, und man kann es ruhig so auffassen, dass man sich in dem orientalisch inspirierten Ambiente wie zu Hause fühlen darf – im positivsten aller Sinne! In dem Ensemble aus vier aufwendig und stilvoll umgestalteten historischen Gebäuden mit 53 Zimmern dominieren warme Erd- und Sandtöne, es gibt ein Spa, Fitnesscenter und natürlich einen Pool, dazu zwei Restaurants und Cafés. ■ Corniche St, Tel. 06/502 55 55, www.ghmhotels.com

€€€ | **Radisson Blu Resort** Am Meeresufer gelegen, mit gepflegtem Sandstrand, Garten mit Swimmingpool und kleinem Tropenwald am Hotel, Fitness- und Spa-Bereich sowie Restaurants und Cafés. ■ Corniche St, Tel. 06/565 77 77, www.radissonblu.com

Khor Fakkan 91

€–€€ | **Youth Hostel** Einen Mitgliedsausweis braucht man nicht für die sauberen Doppelzimmer mit Bad. Mehrbettzimmer gibt's auch. ■ Hinter dem Al Safeer Center nahe der Al Kansa Mosque, Viertel Hayawa, Tel. 09/237 08 86, www.uaeyha.com

€€–€€€ | **Oceanic Hotel** Die ordentlichen Zimmer und die hoteleigene Badebucht lassen nichts zu wünschen übrig. Spa im Haus, Deep Blue Sea Diving Centre am Strand. ■ Rugaylat Rd, Tel. 09/238 51 11, www.sharjahnationalhotel.com

Ajman, Umm al-Quwain und Ras al-Khaimah

»Klein, aber oho« – damit sind diese drei Emirate kurz und prägnant beschrieben. Sie sollten sie nicht ignorieren

Die drei nördlichen Emirate liegen abseits der großen Touristenzentren – und nutzen diesen Vorteil auf ihre Art. Für Reisende ergeben sich dadurch bisweilen Eindrücke und Erlebnisse, die in den großen Städten so nicht mehr möglich sind. Dazu kommt die Ruhe an den Stränden, die hier noch öffentlich zugänglich sind.

Ajman ist mit einer Fläche von 259 km² das kleinste Emirat, seine Hauptstadt war früher ein Zentrum der Perlentaucherei. Heute überzeugt es mit seiner ausgesuchten Hotellerie an weitläufigen Stränden. In das Emirat Umm al-Quwain sollte einen Abstecher machen, wer sich für die Vogelwelt der Emirate interessiert, denn in Watt, Schilf und Grasland der Küste leben zahlreiche, zum Teil seltene Vogelarten. Das Emirat Ras al-Khaimah, kurz RAK, wiederum hat sich neben seinen tollen Hotels vor allem einen Namen für seine Angebote im Outdoor-Tourismus gemacht, denn auf seinem Gebiet ragen die höchsten Gipfel der VAE in den Himmel. Zudem besitzt es eine »Geisterstadt«, die gerade wegen ihres zunehmenden Verfalls einen besonderen Charme ausübt.

In diesem Kapitel:

13 Ajman 96
14 Umm al-Quwain 99
15 Al Marjan Island 100
16 Jazirat al-Hamra 100
17 Ras al-Khaimah (Stadt)  102
18 Jebel Jais 106
19 Khatt 107
20 Masafi 108
Übernachten 109

ADAC Top Tipps:

10 Jebel Jais Flight
| Seilrutsche |
Wer Adrenalin liebt, kommt hier auf seine Kosten und rast in berauschender Geschwindigkeit talwärts. 106

ADAC Empfehlungen:

Jazirat al-Hamra
| Geisterstadt |
Die verlassene Geisterstadt gewährt unrestaurierte Einblicke in die Lebenskultur der Perlentaucherzeit. 100

10

19

15

23

13 Ajman

Kleines Stadtemirat mit sehenswertem Fort und ausgezeichneter Hotellerie

Information

■ Department of Tourism Development, Khalifa St, Tel. 06/711 66 66, www.ajman.travel, So–Do 7.30–14.30 Uhr

Das kleine Emirat hat sich dank seiner Ruhe, den noch unverbauten Stränden und vor allem einer hervorragend ausgebauten Hotellerie der gehobenen Klasse zu einer erstklassigen Alternative zum doch etwas überkandidelten Dubai entwickelt. Die Stadt Ajman liegt an einer verzweigten Bucht, an deren Ufern es noch eine alte Werft für die traditionellen Holzschiffe gibt. Zwar sind Besucher auf dem Werftgelände nicht gerne gesehen, aber am Kai liegen immer einige fertige Schiffe vor Anker.

Sehenswert

Ajman Museum

| Festungsmuseum |

Das Lehmziegelgebäude mit Windturm und zinnenbekrönten Mauern wurde im späten 18. Jh. als Herrscherpalast errichtet. Heute beherbergt es das Ajman Museum – laut eigenen Angaben das »größte kulturgeschichtliche Museum« der VAE. Es gibt durchaus interessante Exponate, so dokumentieren etwa bronzezeitliche Funde die Siedlungsgeschichte der Region, volkskundliche Exponate wie Krüge, Kannen oder Lederschläu-

Viel Strand zum Sonnen und Baden finden Urlauber in Ajman

che sind wie auf einem Markt auf Ständen arrangiert, und um den Innenhof wurden einige Handwerksbetriebe nachgebaut.

■ Sheikh Abdallah bin Rashid St, Tel. 06/742 38 24, www.ajman.travel, Sa–Do 8–20, Fr 14–20 Uhr, Eintritt 5 AED

Fischsuq

| Markt |

Das ist doch mal lässig, oder? Bei anderen Fischmärkten heißt es immer, früh da sein, weil nur in den Morgenstunden viel los ist. Die Jungs in Ajman dagegen bringen ihren frischen Fisch erst gegen 17 Uhr in den Hafen, Sie haben also bis dahin einen famosen Tag am Strand verbracht, pilgern zum Fischmarkt und gucken nicht nur, sondern suchen sich den besten Fisch aus und lassen ihn sich dann in einem der kleinen Restaurants in der Nähe zubereiten. Guten Appetit! Natürlich hat die Sache einen Haken: Die Fischer halten sich nicht immer an die Zeiten … Für den Fall der Fälle gibt es aber Restaurantalternativen in der Nähe.

■ Sheikh Rashid Bin Saeed Al Maktoum St, tgl. ab ca. 17 Uhr

Corniche

| Strandpromenade |

Anders als seine berühmteren Nachbarn verfügt Ajman noch über lange, wenig verbaute und zudem saubere Strände, die Sie entlang der Corniche gut erreichen. In manchen Abschnitten gibt es sogar ein paar Cafés und Restaurants unterschiedlicher Kategorien, wo Sie der mittäglichen Hitze gut entfliehen können. Am Abend wiederum lädt die Promenade zu einem angenehmen Spaziergang nach dem Essen ein.

Suq Saleh

| Markt |

Hier ist vielleicht nicht so sehr das Warenangebot, sondern vielmehr die Architektur ein Grund, durch die Gassen des kleinen Marktes zu bummeln. Das Dach besteht noch aus den guten alten Palmblättern und der Boden ist mit dem traditionellen Baumaterial Korallenstein befestigt worden. Man kann nur hoffen, dass das so bleibt.

■ Sheikh Rashid Bin Humeed St, tgl. 8–13, 16–21 Uhr

Verkehrsmittel

Ajman ist so klein, da reicht eine Buslinie durch die Stadt. Nach Dubai verkehren regelmäßig Shuttlebusse.

■ Tel. 06/714 84 44 oder 24-Std.-Hotline 600 59 99 97, www.at.gov.ae/enhome

P Parken

Parkgebühren sind in Ajman zwischen 8–13 und 17–21 Uhr zu entrichten, an Freitagen und öffentlichen Feiertagen kostet das Parken nichts. Die Parkgebühren betragen 2 AED am Vormittag und 1 AED am Nachmittag. Parkplätze gibt es u.a. am Museum und entlang der Corniche. Für Elektroautos ist das Parken in Ajman immer frei.

Restaurants

€€ | **Al Roof Restaurant & Café** Ein Libanese direkt am Meer, der dazu noch gut kochen kann und neben der arabischen auch die internationale Küche beherrscht. ■ Ajman Corniche, Tel. 06/747 71 10, tgl. 8–2 Uhr

€€ | **Naba Al Arad** Das familienfreundliche Restaurant mit schönem Blick aufs Meer serviert arabisches Frühstück und später am Tag gute einheimische Küche. Fisch und Meeresfrüchte sind besonders zu empfehlen, die Zutaten stammen frisch vom hiesigen Fischmarkt. ■ Corniche Rd, Tel. 06/747 74 55, tgl. 8–2 Uhr

€€–€€€ | Qasar Al Baron Hier kann man den Tag mit einem guten Frühstück beginnen, sich nach dem Sightseeing bei einem Kaffee erholen oder beim gemütlichen Dinner in die Nacht gleiten. ■ Hasan Al Basri St, Tel. 06/744 55 90, www.qasaralbaron.com, tgl. 8–1 Uhr

Einkaufen

City Centre Ajman Auch in Ajman muss niemand auf den Einkaufsbummel in klimatisierten Gängen verzichten, und das Angebot in der 30 000 m² großen Shoppingmall kann sich sehen lassen. Selbstverständlich gibt es auch hier eine fröhliche Auswahl an Lokalen und für Regentage ein Kino. ■ Sheikh Zayed St, Tel. 06/743 28 88, www.citycentreajman.com, So–Mi 10–22, Do–Sa 10–24 Uhr

Events

Ajman Arabian Horse Show Ein absolutes Muss für alle Pferdeliebhaber, denn bei dieser Show im Januar wetteifern die edelsten Züchtungen um den begehrten Titel des »Ajman Champion«. ■ Infos beim Department of Tourism Development, www.ajman.travel

Erlebnisse

Ajman Pearl Journey Auf einem traditionellen Perlentauchboot geht es in die Gewässer rund um Ajman, wo früher nach Perlen getaucht wurde. Highlight der gut 90 Minuten dauernden Tour ist die Ausgabe der Geschenk-Muscheln, in denen sich eine Perle befinden kann – kann, nicht muss. Aber selbst ohne Perle macht die lehrreiche Tour Spaß und vermittelt einen lebendigen Eindruck dieses Gewerbes. ■ Stadtteil Al Butan, Al Shorafa Complex, Makateb Business Centre, Mobil 05 43 06 56 27, www.ajmanpearljourney.com, tgl. 9–19 Uhr, 500 AED

Im Blickpunkt

Die fünf Säulen des Islam

Jeder gläubige Muslim, ob Mann oder Frau, ist gehalten, einmal im Leben die Hadj zu unternehmen, die Pilgerfahrt nach Mekka. Sie ist eine der fünf Säulen des Islam, die zu befolgen jeder Muslim verpflichtet ist. Zu ihnen gehören weiterhin das Glaubensbekenntnis (»Schahada«, »Es gibt nur einen Gott und Mohammed ist sein Prophet«), das Almosengeben (»Zakat«), das Fasten während des Ramadan (»Saum«) sowie das Gebet, fünf Mal am Tag (»Salat«). Die Gebetszeiten richten sich nach dem Sonnenstand. Bei ihnen handelt es sich um »Fajr« oder das etwas spätere »Shuruq« im Morgengrauen, »Dhuhur« oder »Zohr« am Mittag, »Asr« am Nachmittag, »Magrib« am frühen und »Isha« am späten Abend. Generell kann jeder Muslim überall beten, wichtig ist lediglich, dass dabei die Richtung nach Mekka eingehalten wird. In islamischen Ländern ist sie oft in Hotelzimmern mit einem Schild angegeben.

14 Umm al-Quwain

Das Emirat lädt ein zu Wassersport und Vogelbeobachtung

Umm al-Quwain (dt. »Mutter der Stärke«) ist etwas für Naturliebhaber. Die gleichnamige Hauptstadt des Emirats liegt auf einer lang gestreckten sandigen Halbinsel, die sich zu ihrem Ende erst stark verjüngt, um sich dann noch beinahe kreisförmig auszudehnen. Mit der dem Festland im Osten vorgelagerten Insel Jazirat al-Sinniya schließt sie eine Lagune ein, den Khor al-Baida. Hier liegen sieben weitere kleinere Inseln, die wie Sinniya selbst das Herz von Vogel- und Naturfreunden höherschlagen lassen. Wegen ihrer reichen Vogelwelt stehen sie zum Teil unter Naturschutz. In den Monaten September/Oktober und Mai/Juni lassen sich dort unzählige Zugvögel nieder, darunter Tausende von Flamingos und Orientseeschwalben sowie die größte Kolonie von Sokotra-Kormoranen der VAE.

Sehenswert

Nationalmuseum

| **Museum** |

In einem Viertel der Altstadt, Lazimah genannt, haben sich einige traditionelle Lehmhäuser erhalten. Zwischen den Überresten eines Palastes und der alten Moschee wurde eins der sieben historischen Forts der Stadt sehr schön restauriert. In ihm zeigt heute das Umm al-Quwain Museum seine kleine Sammlung: Kannen, Geschirr, Waffen, aber auch Keramik, syrisches Glas und einige etwa 2000 Jahre alte Terrakottafiguren, die Ausgrabungen im nahen Ed-Dur, einer Ortschaft aus dem 1./2. Jh. n. Chr, zutage förderten.

Ein altes Fort in Umm al-Quwain zeigt noch ältere archäologische Funde

■ Old Town Corniche Rd, Tel. 06/765 08 88, Sa–Do 8–14 und 17–20, Fr 17–20 Uhr, Eintritt 5 AED

Verkehrsmittel

Außer Taxen gibt es keine öffentlichen Transportmittel in Umm al-Quwain.

Restaurants

€€ | **Aquarius** Gute internationale Küche, von Burger über Kebabs bis zu Garnelen. Wunderbar die schöne Aussicht über die Lagune. ■ Khor al-Baida, Barracuda Beach Resort, Tel. 06/768 15 55, www.barracuda.ae, tgl. 8–23 Uhr

€€ | **Das Brauhaus** Hollereiduljö und hereinspaziert ins bayrische Brauhaus mit deutscher Küche und zünftigem

Bier – gsuffa! ■ Sheikh Khalifa Bin Zayed Al Nahyan St, im Pearl Hotel, Mobil 05 05 09 90 41, www.pearlhotel.ae, tgl. 12–1 Uhr

Einkaufen

Mall of Umm al-Quwain Eine der für die Emirate mittlerweile typischen Malls mit allem, was man so braucht oder glaubt zu brauchen – Mode, Schönheitssalon, Optiker, Juwelier … ■ Al Shuwaib Rd, Tel. 06/766 08 99, www.uaqmall.com, So–Mi 10–22, Do–Sa 10–23 Uhr

Kinder

Dreamland Aqua Park Der Name ist Programm, denn hier dreht sich alles ums Wasser. Der bunte und sehr beliebte Wasserpark mit Rafting River, Wellenbad und Riesenrutschen verspricht Abkühlung und Vergnügen für Groß und Klein. ■ E11/Al-Ittihad St, Tel. 06/768 18 88, www.dreamlanduae.com, Okt.–März tgl. 10–18, April, Mai, Sept. Sa–Do 10–18, Fr 10–19, Juni–Aug. Sa–Do 10–18, Fr 10–20 Uhr, Eintritt 160 AED, Kinder unter 1,20 m 100 AED, Familien mit zwei Kindern unter 1,20 m 450 AED

15 Al Marjan Island

Auch im Emirat Ras al-Khaimah wird Neuland aufgeschüttet

Information

■ Al Marjan Island, Al Marjan Island Blvd, Tel. 07/203 50 00, www.almarjanisland.com

Die Gruppe besteht aus vier verschiedenen, durch Brücken miteinander verbundenen Eilanden. Auf »Breeze Island« kühlt vermeintlich eine sanfte Meeresbrise die Besucher auf Urlaubstemperatur, während »Treasure Island« mit einer 3,5 km langen Seepromenade lockt. Die kreisrunde »Dream Island« ist laut Eigenwerbung eine Destination wie keine andere, und »View Island« verspricht einen faszinierenden Rundumblick auf das Meer und die Dünen am Strand des Festlands. Sie alle haben wunderschöne Sandstrände, erstklassige Hotels mit Wassersportmöglichkeiten, wunderbarer Gastronomie und lohnen einen Ausflug. Die Zukunft des Tourismus liegt eindeutig auf diesen Inseln, denn ihr Bebauungspotenzial ist noch längst nicht ausgeschöpft.

Restaurants

Die Restaurants der Inseln gehören derzeit zu den internationalen Hotels und bieten eine reiche Auswahl an unterschiedlichen Küchen.

€€–€€€ | **Meze** Die Köstlichkeiten der orientalischen Küche nehmen Sie mit ihren betörenden Gewürzen mit auf einen kulinarischen Höhenflug. Bei der Rechnung sollten Sie u. U. auf eine harte Landung gefasst sein. ■ Marjan Island Blvd, im Double Tree by Hilton Resort & Spa, Tel. 07/203 00 00, Mo–Sa 12.30–15.30, 18.30–22.30 Uhr

16 Jazirat al-Hamra

Nebeneinander von Geisterstadt und modernem Stadtviertel

Jazirat al-Hamra – der Namen bedeutet »rote Insel« – liegt etwa 20 km südlich der Stadt Ras al-Khaimah und war einst die Heimat des Zaab-Stammes. Doch nach einem Streit mit dem Herrscher von Ras al-Khaimah verlie-

Mehr als nur einen Hauch von Luxus verspricht ein Aufenthalt auf Al Marjan Island

ßen die Menschen 1968 das Dorf und folgten einem Angebot Sheikh Zayed al-Nahyans, nach Abu Dhabi umzusiedeln. Damit endete die lange Geschichte dieses Ortes, der um das 14. Jh. besiedelt worden war, dem die Perlentaucherei bis in die 1920er-Jahre durchaus nennenswerten Wohlstand gebracht hatte und dessen Bewohner sich ansonsten überwiegend von der Fischerei ernährt hatten. Das alte Dorf ist verfallen und eine Attraktion, doch in seiner Nachbarschaft blüht in neuen Wohn- und Freizeitvierteln mit schicken Hotels wieder das Leben.
Gut erkennbar sind in den geisterhaften Ruinen aus Korallengestein noch die Moschee, ein Windturm sowie das Haus eines wohlhabenden Perlenhändlers. Manche Einwohner von Ras al-Khaimah sind übrigens der festen Überzeugung, dass es dort spukt! Die Geister scheinen aber freundlich oder zumindest Kunstliebhaber zu sein, denn alljährlich findet in den staubigen Gassen das Fine Arts Festival statt und bis jetzt ist noch nichts Außergewöhnliches passiert. Ob und wie lange die Geisterstadt noch erhalten bleibt, ist ungewiss, denn mittlerweile ist in ihrer Nachbarschaft das moderne Viertel Al Hamra mit Wohnhäusern, Freizeitvierteln und Urlaubsquartieren samt Gastronomie entstanden.

■ Zwischen Umm al-Quwain und Ras al-Khaimah

Sport

Al Hamra Marina & Yacht Club Hier lassen sich Bootsausflüge, Angeltouren und Wasserski organisieren oder Wassersportgeräte, wie z.B. Surfbretter, ausleihen. ■ Bern St, Tel. 07/243 22 74, www.alhamramarina.com, Mo–Do 9–21, Fr, Sa 8–22 Uhr

17 Ras al-Khaimah (Stadt)

In der Stadt im Norden herrscht ländliches Ambiente

Am Kreisverkehr nahe dem Nationalmuseum verweist eine Perle auf das Erbe der Stadt

Information

■ Ras al-Khaimah Tourism Development Authority, Street 11, Al Marjan Island, Tel. 07/233 89 98, www.rasalkhaimah.ae, So–Do 9–17 Uhr

■ Parken: siehe S. 105

Die Stadt Ras al-Khaimah liegt auf der schmalen Landzunge zwischen dem Arabischen Golf und der Lagune (arab. »khor«). Dort gibt es auch noch ein altes Viertel, aber man darf nicht zu viel erwarten. Die alte Bausubstanz wurde in weiten Teilen durch moderne Häuser ersetzt, und die alten Märkte weichen großen Einkaufszentren. Sehenswert sind der Obst- und Fischmarkt in der Sheikh Muhammad bin Salem Road an der Lagune, der sich noch etwas von seinem lebendigen Charme erhalten hat – besonders am frühen Morgen ist hier einiges los. Die Sheikh Muhammad bin Salem Road selbst gehört zu den wichtigsten Einkaufsstraßen der Stadt und lohnt einen Bummel am frühen Abend.

Sehenswert

Sheikh Zayed Mosque

| Moschee |

Gleich vier Minarette schmücken diese neue Moschee, die sich zum Wahr-

Plan S.104 

zeichen der Stadt entwickelt hat und auch abends dank ihrer farbenfrohen Beleuchtung ein schönes Motiv bietet. Nicht-Muslime können sie leider nur von außen und außerhalb der Gebetszeiten bewundern.

■ Al Qawasim Corniche Rd

2 Al-Qawasim Corniche

| Strandpromenade |

Diese Küstenstraße mit Promenade verläuft auf der Altstadtseite am Ufer der großen Lagune, weshalb sie auf Stadtplänen auch unter dem Namen Al-Khor Corniche zu finden ist. Viele Einheimische nutzen die Flaniermeile gern für einen abendlichen Spaziergang mit der Familie oder treffen sich mit Freunden in einem der zahlreichen Cafés und Restaurants.

3 Nationalmuseum

| Museum |

Wie aus der Zeit geworfen liegt die alte Festung Ras al-Khaimahs am Rand der Altstadt und erinnert an unruhige Zeiten. Zweimal zerstört und wieder aufgebaut, diente sie als Wohnfestung der herrschenden Familie, danach als Polizeizentrale und Gefängnis. Nach der Restaurierung in den 1980er-Jahren zog das Museum ein, u. a. mit einer sehenswerten Ausstellung über den Alltag der Beduinen, Bauern und Perlentaucher. In der archäologischen Abteilung belegen 6000 Jahre alte Tonscherben die frühesten Handelsbeziehungen der Region, die bis nach Mesopotamien reichten. Der zur Festung gehörende Windturm ist übrigens der einzige heute noch funktionstüchtige Turm dieser Art in den VAE.

■ Al-Hisn Rd, Tel. 07/233 34 11, www.rakheritage.rak.ae, Sa–Do 9–18 , Fr 15–19 Uhr, Eintritt 5 AED

4 Mohammed bin Salim Mosque

| Moschee |

Sie gehört zu den ältesten religiösen Bauten der VAE und ist doch auf den ersten Blick nicht als Moschee zu erkennen, denn es fehlt das Minarett. Das war wegen der niedrigen Bevölkerungszahl bei ihrer Entstehung im 18 Jh. auch nicht nötig. Der schlichte Bau erstrahlt seit 2013 wieder in seiner originalen Schönheit, die es u. a. dem natürlichen Baumaterial aus Korallengestein verdankt. Nicht-Muslime können ihn leider nur von außen und außerhalb der Gebetszeiten bewundern.

■ Al-Qasimi Corniche Rd, www.rakheritage.rak.ae

5 Schifffahrtsmuseum Ahmed bin Majid

| Museum |

Er gehört zu den berühmtesten Persönlichkeiten der Stadt. Der Legende nach soll Ahmed bin Majid, der den Indischen Ozean wie seine Westentasche kannte, dem Portugiesen Vasco da Gama 1498 auch den Seeweg von Ostafrika nach Indien gezeigt haben. Das Museum zollt dem »Löwen des Meeres« Respekt und zeigt Artefakte der maritimen Tradition von Ras al-Khaimah.

■ Al Mamourah Rd, Sa–Do 9–12, 16–18 Uhr, Eintritt frei

6 Suwaidi Pearls Farm

| Perlenfarm |

Perlen haben in Ras al-Khaimah eine lange Tradition, und bis in die 1930er-Jahre stellte die Perlentaucherei eine wichtige Einkommensquelle dar. Doch die Erfindung der Zuchtperle im 20. Jh. bedeutete deren Ende. Die 4000 m² große Suwaidi Pearls Farm belebt die alte Tradition wieder, und bei einem Besuch erfahren die Gäste alles über die Kultivierung von Perlen.

■ Al Rams Corniche, Al Rams, Tel. 07/221 11 24, www.suwaidi-pearls.com, keine festen Öffnungszeiten, Besuch nur nach Anmeldung, Eintritt 300 AED

7 Dhayah Fort

| Festung |

Die kleine Verteidigungsanlage etwa 10 km außerhalb der Stadt schützte ab dem 19. Jh. die Palmenhaine der Umgebung. Im Lauf der Geschichte wurde sie von den Briten beschossen, aber

nicht zerstört. Über einen Treppenweg ist sie gut zu erreichen und bietet dank ihrer Lage auf einem Bergrücken einen schönen Panoramablick in die Ebene von RAK, in der archäologischen Funden zufolge bereits vor 5000 Jahren Menschen siedelten.
■ Tel. 07/233 89 98, www.rasalkhaimah.ae, So–Do 9–17 Uhr, Eintritt frei

Verkehrsmittel

Die RAK Transport Authority betreibt von 6–0.45 Uhr drei Buslinien in der Stadt. ■ Tel. 07/235 65 67, www.raktransport.ae/en

Parken

Bei den genannten Sehenswürdigkeiten gibt es ausreichend Parkplätze.

Restaurants

€ | **Vegetarian's Restaurant** Fleischlose, meist indische Gerichte wie Dosas oder Gemüsecurrys. Wer sich nicht entscheiden kann, sollte Thalis wählen, dann werden mehrere Gerichte in kleineren Portionen serviert. ■ Al-Muntasir St, Tel. 07/228 88 09, Plan S. 104 d1

€€ | **Al Moohit Restaurant** Sehr gelobtes Restaurant nahe dem Fischmarkt mit einer Speisekarte, die sich an dessen Angebot orientiert. ■ Al Qawasim Corniche, Mobil 05 06 77 83 30, tgl. 10–24 Uhr, Plan S. 104 c1

€€€ | **Bedouin Oasis** Vor den Toren der Stadt erstrecken sich herrliche Sanddünen, die eine wunderbare Kulisse für ein herrliches Wüstendinner abgeben. ■ 20 km außerhalb, gut ausgeschilderter Abzweig an der Dubai–Ras al-Khaimah Rd, Tel. 055 284 98 4, www.arabianincentive.com, Plan S. 104 südl. a3

Cafés

Traditional Coffee Shop Die Sitzkissen sind in klassischen Beduinenfarben gehalten, man blickt aufs Wasser und schlürft einen arabischen »qahwa« (Kaffee) oder frischen Saft. ■ Ras al Selaab, am Hafen parallel zur Al Jaza Rd, Tel. 07/228 83 34, tgl. 9–23 Uhr, Plan S. 104 c1

Einkaufen

Al Naeem Mall Eine der größten Malls im Emirat. Das üppige Warenangebot auf vier Etagen reicht von Sportbekleidung über Accessoires bis hin zu Schmuck und Büchern. ■ Bin Dahir Rd, Tel. 07/227 50 00, www.alnaeemmall.com, So–Mi 10–22, Do–Sa 10–24 Uhr, Plan S. 104 d2

Manar Mall Beliebtes Einkaufszentrum in Strandlage mit Café-Restaurants. In Ausstattung und Angebot wird den großen Vorbildern aus Dubai nachgeeifert. ■ Al Muntasir Rd, Tel. 07/227 00 00, www.manarmall.com, So–Mi 10–22, Do–Sa 10–24 Uhr, Plan S. 104 d2

Kneipen, Bars und Clubs

X.O. Bar Die Jungs hinterm Tresen kennen die Cocktails dieser Welt und wissen, was sie zu tun haben. Sie auch? Ganz einfach: neben dem Drink auch den Blick vom Dach genießen. ■ Al Maareedh St, im Hilton Resort & Spa, Tel. 07/228 88 44, www3.hilton.com, tgl. 17–2 Uhr, Plan S. 104 nördl. c1

Erlebnisse

Kamelrennbahn Al Sawan Zwischen November und März finden jeden Freitag zwischen 6.30 und 9.30 Uhr

morgens Rennen statt. Das frühe Aufstehen lohnt sich, denn an kaum einem anderen Ort lässt sich die lebendige Tradition der Emirate so fröhlich beobachten wie auf der Kamelrennbahn. ■ Ca. 14 km vom Zentrum entfernt landeinwärts an der Autobahn E18

Sport

Adventure Sports Für alle, die sich am, auf, über, unter oder im Wasser am wohlsten fühlen, bietet dieser Veranstalter das nötige Gerät und Kurse, u. a. im Segeln, Parasailing oder Tauchen. ■ Al Maareedh St, im Hilton Resort & Spa, Tel. 07/2288844, www.adventuresports.ae, Plan S. 104 nördl. c1

Ras al-Khaimah Water Ski Club Kajaks und Wasserski für Anfänger und Fortgeschrittene am Khor, Slalomkurse und Rampen bieten zusätzliche Herausforderungen. ■ Al Qawasim Corniche, Tel. 07/2364444, Plan S. 104 b3

Entspannung

Flamingo Beach Der Strand ist zwar recht kurz, bietet aber alle Annehmlichkeiten für einen Spontanbesuch ohne große Planung, denn es gibt Sonnenschirme, einen kleinen Supermarkt oder Cafés, um sich über den Tag zu versorgen. Und man hat einen ungetrübten Blick auf den Sonnenuntergang! ■ Ca. 10 km südlich vom Stadtzentrum entfernt

Hulayla Beach Wer als Selbstversorger gut klarkommt, der wird sich an diesem Küstenabschnitt sehr wohl fühlen, denn (noch) ist der kilometerlange Strand unverbaut, touristisch kaum erschlossen und lädt zu Spaziergängen ein. ■ Ca. 25 km nördl., nahe der kleinen Stadt al-Rams.

18 Jebel Jais

Der höchste Berg der Emirate lässt Abenteurerherzen höherschlagen

Information

■ Mobil 050 2656224, www.jebeljais.ae

Die VAE sind sicherlich nicht das Eldorado für Bergurlauber, dafür gibt es schlicht zu wenige Berge. Doch im Nordwesten der Stadt Ras al-Khaimah liegen die »Ruus al Jibal« – die »Köpfe der Berge«. Zu deren Massiv gehört mit dem Jebel Jais der höchste Gipfel der Emirate, der 1934 m in den arabischen Himmel ragt. An seinen Flanken finden sich mehrere Sport- und Wandermöglichkeiten, die auch passionierte Bergfreunde sicherlich zufriedenstellen werden.

Verkehrsmittel

Am besten kommt man mit dem Veranstalter Jebel Jais Tours in die Bergregion. ■ Mobil 050 6263955, www.jebeljais.ae

Erlebnisse

10 **Jebel Jais Flight** Im Oktober 2017 eröffnete die mit über 2,5 km derzeit längste Zipline der Welt am Jebel Jais – weshalb das Wort »Flug« im Namen durchaus passend ist. Für schwache Nerven ist das nichts, denn man saust mit bis zu 120 km/h zu Tal und landet auf einer an Stahlseilen schwebenden Plattform. Wer sich allein nicht traut, kein Problem, es gibt zwei parallele Seile und man kann somit auch im Tandem »fliegen«. ■ www.jebeljais.ae, 400 AED

Kraxeln mal nicht in den Alpen, es geht auch in den Vereinigten Arabischen Emiraten

Sport

Via Ferrata Wer schon immer mal gefahrlos ausprobieren wollte, wie es sich anfühlt, an einer steilen Felswand zu klettern oder – nur an einem Haken hängend – über einen Abgrund zu schweben, der ist hier genau richtig. Der mit Stahlseilen versehene Klettersteig Via Ferrata am Jebel Jais ist eines der neuesten und aufregendsten Outdoor-Abenteuer im Emirat. Für die insgesamt gut 1 km lange Tour sollte man rund 4 Std. Zeit einplanen. ■ Mobil 05 02 65 62 24, www.jebeljais.ae, 180 AED

19 Khatt

Erquickender Jungbrunnen mit sittlichen Regeln im Hinterland

Etwa 25 km von der Küste entfernt liegt im Süden von Ras al-Khaimah die unscheinbare Oase Khatt, die sich auf den ersten Blick durch nichts von den Siedlungen in der Umgebung unterscheidet. Doch hier sprudelt seit Urzeiten ein besonderes Wasser aus dem Boden: Den heißen Quellen von Khatt werden heilende Kräfte zugeschrieben. Ihr etwa 40 °C warmes Wasser enthält Natriumcarbonat und hilft damit z. B. gegen rheumatische und arthritische Erkrankungen und bei Hautproblemen. Archäologische Funde legen nahe, dass in dieser Oase schon um 3200 v. Chr. Menschen siedelten und sehr wahrscheinlich auch das warme Wasser nutzten. Heute gibt es hier einen für Männer und Frauen getrennten Badebereich, und das nahe gelegene Wellnesshotel Golden Tulip Hotel wartet mit diversen Entspannungsprogrammen für die Seele auf.

Verkehrsmittel

Zur Oase Khatt verkehren öffentliche **Busse** ab Dubai, von Ras al-Khaimah erreicht man die Oase nur mit dem **Taxi**.

Restaurants

€ | Bin Dera Restaurant Ein einfaches Lokal indischer Prägung. Besonders gut ist das Daal mit frischem Fladenbrot (Paratha). ■ Khatt Rd, Tel. 07/ 244 85 77, tgl. 7–23 Uhr

20 Masafi

In den ganzen Emiraten bekannt für sein Mineralwasser und den Freitagsmarkt

Weit im Landesinneren liegt Masafi malerisch am Fuß des hoch aufragenden Hajar-Gebirges. Dass nur die eine Hälfte des Ortes zum Emirat Fujairah, die andere aber zu Ras al-Khaimah gehört, ist für auswärtige Gäste nicht von Belang. Sie kommen vor allem wegen der Natur, und unter Vogelfreunden hat der Name Masafi einen besonderen Klang. Denn im akazienbestandenen Wadi Masafi lassen sich allerlei, teils seltene Vogelarten beobachten, die Wüstenprinie etwa, der Langschnabelpieper, Steinrötel, Gelbkehlsperling oder Dornspötter, um nur einige zu nennen. Das Wadi beginnt wenige Kilometer nördlich der Stadt rechts der Straße und verläuft an den Hängen des 1153 m hoch aufragenden Jebel Masafi aufwärts. Der Name Masafi ist übrigens auch aus einem anderen Grund im wahrsten Sinne des Wortes »in aller Munde«. Denn in den Bergen gibt es unterirdische Quellen, deren Mineralwasser von der hiesigen Masafi Mineral Water Company abgefüllt wird: jede Stunde 34 000 Flaschen.

Auf dem Straßenmarkt von Masafi gibt es alles von Obst bis Antiquitäten

Sehenswert

Suq al-Juma

| Markt |

Früher fand der »Freitagsmarkt«, so der Name übersetzt, nur einmal in der Woche statt, doch mittlerweile wird er jeden Tag zu beiden Seiten der Durchgangsstraße abgehalten. In Bretterverschlägen oder unter freiem Himmel bieten die Händler in erster Linie frisches Gemüse und Obst sowie Blumen und Grünpflanzen an, daneben aber auch moderne Teppiche aus Kunstfasern und vergleichsweise grobe lokale Keramik. Dann und wann stößt man auf ein Antiquitätengeschäft, in dem man allerlei Kitsch und Trödel kaufen kann, rostige Säbel etwa oder staubige Kamelpacktaschen.

■ Dibba–Masafi Rd, tgl. 8–22 Uhr

Übernachten

Die drei kleinen Emirate mögen etwas abseits liegen, ihre Hotels aber bieten ruhige Erholung an herrlichen Stränden, Wasser- und andere Sportmöglichkeiten, sind ideal für einen entspannten Familienurlaub, und zu den Sehenswürdigkeiten der Umgebung ist es entweder nicht weit oder es gibt kostenlose Shuttledienste.

Ajman 96

€€€ | **Ajman Kempinski Hotel & Resort** Spitzenkomfort inkl. Beach Club, Recreation Centre am 500 m langen Strand, Pool im Garten sowie mehreren sehr guten Restaurants und Bars im Haus. Kostenloser Shuttlebus nach Sharjah und Dubai. ■ Sheikh Humaid Bin Rashid Al Nuaimi St., Tel. 06/714 55 55, www.kempinski-ajman.com

€€€ | **Fairmont Hotel** Das Haus liegt an einer für Gäste reservierten kleinen Bucht nur eine halbe Stunde vom Flughafen Dubai entfernt, hat einen Spa- & Wellnessbereich und acht Restaurants. ■ Sheikh Humaid Bin Rashid Al Nuaimi St, Tel. 06/ 701 57 57, www.fairmont.com/ajman

Umm al-Quwain 99

€€ | **Barracuda Beach Resort** Hier findet man alles, was man für einen entspannten Urlaub braucht: Pool, Strand, Ruhe und eine gut sortierte Bar – und das zu moderaten Preisen. ■ Khoa Al Baida, Tel. 06/768 15 55, www.barracuda.ae

€€ | **Pearl Hotel** Das Pearl ist ein vergleichsweise kleines Hotel mit Chalets am Strand oder am Pool und einem Spa. ■ Sheikh Khalifa Bin Zayed Al Nahyan St, Tel. 06/766 66 78, www.pearlhotel.ae

Al Marjan Island 100

€€€ | **Marjan Island Resort & Spa** Wo weicher Wüstensand in einladenden Badestrand übergeht, erhebt sich diese gewaltige Luxusherberge, in der man wunderbar entspannen kann. ■ Marjan Island Blvd, Tel. 07/203 65 00, www.marjanislandresort.com

Ras al-Khaimah (Stadt) 102

€€ | **Smartline Bin Majid Beach Resort** Direkt am Strand gelegenes Hotel mit Pool, mehreren Restaurants und einem Wellnessbereich. ■ An der E11, Tel. 800/57 00, www.binmajid.com

€€€ | **Al Wadi Desert** Besser lässt sich Wüste kaum erleben: Umgeben von einem 500 ha großen, für Hotelgäste zugänglichen Naturschutzgebiet inkl. Falkenvorführungen kann man hier entspannte Poolatmosphäre genießen. ■ Wadi Khadija, Tel. 07/206 77 77, www.ritzcarlton.com

€€€ | **Golden Tulip Khatt Springs Hotel & Spa** Von außen sieht das Hotel aus wie eine Festung, drinnen gibt es eine Wellnessoase inklusive Sauna, Eisgrotte und Ayurveda-Behandlungen sowie eine eigene Thermalquelle und 125 balkonierte Zimmer. Shuttleservice an die Küste. ■ Khatt, Tel. 07/244 87 77, www.goldentulipkhattsprings.com

Fujairah – Kleinod an der Ostküste

Das landschaftlich abwechslungsreiche Emirat an der Ostküste lockt mit entspannten Bergtouren und spannenden Tauchrevieren

Als einziges Emirat liegt Fujairah vollständig an der Ostküste der VAE und damit am Golf von Oman. Dank seiner fruchtbaren Böden und der günstigen Lage kann es auf eine lange Kulturgeschichte zurückblicken, Keramikfunde zeugen von einer 3000-jährigen Besiedelung. Daneben ist Fujairah landschaftlich bemerkenswert vielgestaltig. An seiner 70 km langen Küste erstrecken sich artenreiche Fels- und Korallenriffe, die zu Tauchtouren einladen. Bei Unterwassersportlern besonders beliebt sind die vier Meeresschutzgebiete um Bidiyah, Al Aqqa, Dadna und Rul Dibba, die aber durch den starken Tankerverkehr im Golf von Oman zunehmend bedroht sind. Die Küste wird gesäumt von der fruchtbaren Batinah-Ebene, die von den Bergen her Wadis queren. Diese oberflächlich meist trockenen Flussläufe führen genügend Grundwasser, um an ihren oft steilen Hochufern üppig grüne Vegetation zu ermöglichen. Herausragende Attraktion sind die Hajar-Berge selbst, deren karge Majestät ihresgleichen sucht. Die unberührte Felslandschaft ist für Bergtouren und Ausflüge mit dem Allradwagen bestens geeignet, etwa in oder entlang der Wadis. Das bekannteste Tal dieser Region ist das Wadi Wurayah, welches aufgrund seiner Artenvielfalt von der UNESCO zum Biosphärenreservat erklärt wurde und deshalb vorerst nicht mehr besucht werden darf.

In diesem Kapitel:

21 Fujairah (Stadt) 112
22 Bithna 115
23 Bidiyah 116
24 Al Aqqa 118
25 Dibba 118
Übernachten 120

Bullenkämpfe, Fujairah (Stadt)
| Traditioneller Stierkampf |
Ein absolut unblutiges und familientaugliches Spektakel mit langer Tradition und hohem Spaßfaktor. 114

Bidiyah Mosque
| Moschee |
Sie ist wahrscheinlich das älteste Gebetshaus der Emirate mit einer markanten Bauweise. 117

24

21

25

25

21 Fujairah (Stadt)

Kleine Emiratshauptstadt mit großem Hafen und unblutigen Stierkämpfen

Information

■ Fujairah Tourism & Antiquities, Ecke Merashid-Madhab Rd/Al Salam Rd, Tel. 09/223 15 54, www.fujairahtourism.ae, So–Do 8–14.30 Uhr

Fujairah ist eine überschaubare Emiratshauptstadt, deren historische Sehenswürdigkeiten eng beieinander am nördlichen Stadtrand liegen und wunderbar zu Fuß erkundet werden können. Generell ist die Lage direkt am Meer für Touristen interessant: Die Tauchreviere entlang der Küste sind schnell erreicht und auch in die Berge und Täler des Hajar-Gebirges ist es nicht weit. So nutzen Besucher die Stadt denn auch in erster Linie als Ausgangspunkt für Ausflüge. Von wirtschaftlich großer Bedeutung für die Stadt ist der Hafen. Nach Singapur und vor Rotterdam ist Fujairah der zweitgrößte »Bunkering Port« der Welt: Tag für Tag nehmen bis zu 150 Großtanker hier Fracht auf. Diese besteht in der Regel aus Erdöl oder Erdgas, das zwei Pipelines aus dem Landesinneren an die Küste leiten. Vom Anblick der riesigen Tankschiffe, die in loser Reihe entlang der Küste ihre Bahnen ziehen, geht eine ganz eigene Faszination aus.

Sehenswert

Fujairah Fort

| Festung |

Das weithin sichtbare, architektonisch beeindruckende Fujairah Fort erhebt

Fujairahs wunderbare Sheikh Zayed Mosque ist die zweitgrößte Moschee der VAE

sich auf einer kleinen kahlen Anhöhe am nördlichen Stadtrand. In der ersten Hälfte des 16. Jh. zum Schutz der Küste erbaut, verfiel es in der Folgezeit schnell und wurde 1650–1700 gründlich erneuert. In den Jahren danach litt die Bausubstanz zwar stark, blieb aber größtenteils erhalten und konnte in der Neuzeit gerettet und aufwendig restauriert werden. Die Festung besteht aus drei jeweils zweistöckigen und runden Hauptgebäuden sowie einem viereckigen Turm. Eine massige, gebäudehohe Mauer verbindet das Ensemble schließlich zu einem wehrhaften Viereck.

■ Al-Saif-Kreisverkehr, Tel. 09/223 92 01, Sa–Do 8–13, Fr 14–18 Uhr, Eintritt frei

Fujairah Museum

| Museum |

In diesem Museum sind zahlreiche archäologische Fundstücke aus der Region zusammengetragen worden, die von eisenzeitlichen Beigaben aus einem Langkammergrab bei Bithna bis zu einer Übersicht über Felsritzungen aus Fujairah reichen. Ein zweiter großer Bereich umfasst volkskundliche Stücke wie Waffen und Silberschmuck, die von historischen Fotografien ergänzt werden. Eine Einführung in die Schifffahrt und Fischerei von Fujairah schließt den Rundgang ab.

■ Al-Saif-Kreisverkehr, Tel. 09/222 90 85, Sa–Do 8–18, Fr 14.30–18 Uhr, Eintritt 5 AED

Heritage Village

| Museumsdorf |

Blickfang des Museumsdorfs sind einige nach historischen Vorbildern rekonstruierte einfache Palmblatthütten, in denen traditionelle Gebrauchsgegenstände wie Kannen und Keramik präsentiert werden. Auf dem weiten Kiesplatz in der Mitte wird an Fest- und Feiertagen mitunter der Reihentanz Ayyala aufgeführt.

Sehr gelungen ist links vom Eingang der traditionelle Brunnen, eigentlich eher ein Wasserloch, über das zwei parallel stehende Palmenstämme gebogen wurden. Über ihre zusammengebundenen Wipfel verläuft das Förderseil mit ledernem Wasserbehälter, den ein meist geduldig wiederkäuendes Zeburind aus dem Brunnen zieht.

■ Al-Saif-Kreisverkehr, Tel. 09/222 90 85, Sa–Do 8.30–18.30, Fr 14.30–18.30 Uhr, Eintritt 5 AED

Sheikh Zayed Mosque

| Moschee |

Die marmorweiße Moschee mit ihren sechs je 100 m hohen Minaretten und 65 Kuppeln könnte Orientreisenden bekannt vorkommen, hat sie ihr Vorbild doch in der berühmten Sultan-Ahmed-Moschee (oder Blauen Moschee) Istanbuls. Bis zu 28 000 Gläubige finden in der derzeit zweitgrößten Moschee der VAE Platz, weitere 14 000 können in den Innenhöfen mitbeten. Zwar ist der Zutritt für Nicht-Muslime

ADAC *Wussten Sie schon?*

Arabische Eltern ändern nach der Geburt eines Kindes bisweilen ihren **Namen**. Heißt die Mutter z. B. Selma bint Mohammed, also Selma, Tochter des Mohammed, so nennt sie sich nach der Geburt einer Tochter namens Samira »Umm Samira« – Mutter der Samira. Gleiches gilt für Väter. So kann aus einem Asaad ein Abu Abdel Hamid werden, also ein »Vater des Abdel Hamid«.

leider untersagt, dennoch lohnt sich ein kurzer Stopp wegen der wunderbaren Architektur.
■ Mohammed bin Matar Rd

Verkehrsmittel

In Fujairah sind die gelben **Taxen** der FTC (Fujairah Transport Corporation) das effektivste öffentliche Verkehrsmittel. ■ Tel. 600/590 55 55

Parken

In Fujairah gibt es überall entlang der Hauptstraße und an den Sehenswürdigkeiten kostenlose Parkplätze.

Restaurants

€€ | **Al-Meshwar** Libanesisches Restaurant mit eigenwilligem Äußeren im Stil einer Ruine und guten Gemüse-, Lamm- und Huhngerichten. Kein Alkohol. Westliche und arabische Sitzgelegenheiten auf zwei Etagen. Kaffee oder eine Shisha sollte man trotz Verkehrslärm auf der herrlichen Dachterrasse genießen. ■ Hamad bin Abdullah Rd, Tel. 09/223 11 13, tgl. 9–1 Uhr

€€ | **Sadaf** Wer Lust auf einen gelungenen kulinarischen Ausflug nach Persien hat, ist hier richtig. ■ Corniche Rd, Tel. 09/222 85 77, tgl. 10.30–0.30 Uhr

Cafés

Shakespeare and Co. Im ersten Augenblick glaubt man, in eine historische Filmkulisse geraten zu sein, dann genießt man Suppen, vegetarische Gerichte oder das Kaffeeangebot auf der Terrasse. ■ Al Qasar Rd, in der Century Mall, Tel. 09/223 48 91, www.shakespeare-and-co.com

Einkaufen

Century Mall Fujairah Hier findet man eher die Basics für den Alltag und einen gut sortierten Supermarkt, um sich für ein Picknick am Strand zu versorgen. ■ Al Qasar Rd, Tel. 09/223 51 18, www.safeergroup.com, tgl. 9–1 Uhr

Events

24 **Bullenkämpfe** Zwischen der Corniche und der parallel dazu verlaufenden Al-Muhait Road liegt ein großer leerer Sandplatz, der etwas pompös »Bull Fighting Square« genannt wird. Im Winterhalbjahr finden hier freitags ab ca. 16.30 Uhr traditionelle und vor allem unblutige Stierkämpfe statt, für die Fujairah berühmt ist. Dabei werden zwei gleichaltrige und gleich schwere Brahman-Rinder einander gegenübergestellt, die sich unter lautem Schnauben aus der Arena zu schieben versuchen. Das Interesse der Zuschauer ist enorm, mindestens ebenso das Prestige des Siegers bzw. seines Besitzers. Seinen Ursprung hat dieses Spektakel in grauer Vorzeit, und schon damals ging es schlicht darum, wer den stärkeren Stier hatte. Bisweilen kommt es bei der Veranstaltung zu skurrilen Szenen, wenn z. B. eines der Tiere so gar keine Lust hat und aus der Arena abzuhauen versucht und dann fünf Mann an seinem Schwanz hängen, um es aufzuhalten.
■ Eintritt frei

Entspannung

Madhab Sulpheric Spring Park Am nördlichen Stadtrand ist der Ain Al Madhab Sulphuric Garden angesiedelt. Hier sprudeln am Fuß der Berge

Althergebracht und immer noch spannend: Kräftemessen der Bullen in Fujairah

warme Schwefelquellen, um die ein Quellpark mit Rasenflächen, Bäumen und kleinen Brunnenpavillons angelegt wurde. Im hinteren Bereich befindet sich das Badehaus mit einem ca. 15 x 10 m großen Swimmingpool im offenen Atrium. Neben Vergnügen versprechen Bäder in dem schwefelhaltigen warmen Mineralwasser Linderung bei Hautkrankheiten, Arthritis und Muskelschwund. ■ Al Ittihad St, Tel. 09/2227600, tgl. 10–22 Uhr, Eintritt mit Poolbenutzung 5 AED

Umbrella Beach Seinen Namen verdankt dieser kurze Strandabschnitt nördlich des Stadtzentrums von Fujairah den dort einbetonierten Sonnenschirmen (engl. »umbrella«). An den Wochenenden kann es dort recht voll werden, aber ansonsten hat man seine Ruhe für ein entspanntes Bad im Meer. ■ Rugaylat Rd (E 99)

22 Bithna

Typisches kleines Bergdorf mit malerischer Festung

Fährt man von Fujairah City auf der Hauptstraße durch das Gebirge nordwestwärts Richtung Masafi, gelangt man nach etwa 10 km rechts zu einer Abzweigung ins Wadi Ham. Nach nur einigen Hundert Metern beginnt schon Bithna, ein für die Region charakteristisches Bauerndorf. Die ungeteerten Straßen führen vorbei an traditionellen Flachdach-Gehöften, daneben sieht man neuere Wohnhäuser mit farbig bemalten Schutzgittern vor Fenstern und Hofeingängen. Gemüsegärtchen und Dattelpalmenhaine setzen freundliche Farbtupfer ins vorherrschende Beige-Braun. Im Jahr 2004 meldeten Fachleute die Entde-

Einst wachte das Bithna Fort über die Karawanenstraße

ckung weiterer archäologischer Stätten nahe Bithna. Es handelt sich um Gräber, Mauerreste und Tonscherben, die ins 2. Jt. v. Chr. datieren, wie das T-förmige »Long Chambered Tomb«, das als Gemeinschaftsgrabstätte interpretiert wird. Einige der dort gefundenen Grabbeigaben sind im Fujairah Museum ausgestellt.

Sehenswert

Bithna Fort

| Festung |

Hält man sich an der T-Kreuzung am Ortseingang rechts und fährt auf dieser Straße ein Stück über Bithna hinaus, bietet sich von einer Anhöhe kurz hinter den letzten Häusern ein sehr schöner Blick auf Bithna Fort. Seine etwa 8 m hohen, lehmverputzten Mauern ragen malerisch über den Kronen von Dattelpalmen auf. Der gut erhaltene runde Wachturm hebt sich markant gegen den tiefblauen Himmel ab, sein etwas niedrigerer Zwillingsturm sichert die nordwestliche Ecke des etwa 20 x 20 m umfassenden Gevierts. Das Fort war 1735 zum Schutz der damals hier vorbeiführenden Karawanenstraße entstanden. In den letzten Jahren wurde das historische Bollwerk restauriert. Es gibt Pläne, hier einmal ein Geschichtsmuseum einzurichten. Bis jetzt ist es nur von außen zu bestaunen.

23 Bidiyah

Türme mit herrlichem Blick und eine Moschee zwischen Bergen und Meer

Rund 30 km nördlich der Stadt Fujairah erhebt sich nach Durchfahrt des

Dorfes Bidiyah unmittelbar links an der Küstenstraße ein steiler Hügel, auf dem zwei historische Wachtürme eine wunderbare Aussicht erlauben: Landeinwärts schweift der Blick über die grünen Wipfel der Palmengärten zu den braun-roten, kahlen Hängen des Hajar-Gebirges; auf der gegenüberliegenden Seite dehnt sich jenseits eines schmalen baumbestandenen Uferstreifens das weite Blau des Meeres bis zum Horizont. Bekannt ist der Ort jedoch vor allem für eine kleine unscheinbare Moschee am Straßenrand.

Sehenswert

Bidiyah Mosque

| Moschee |

Fein, klein, sehr alt und von kulturhistorischer Bedeutung

Die kunst- und kulturhistorische Besonderheit von Bidiyah liegt zu Füßen des oben erwähnten Hügels mit den Türmen. Von einer mannshohen Lehmmauer umgeben, befindet sich hier die strahlend weiße Bidiyah Mosque. Das Gotteshaus gilt als das älteste der Vereinigten Arabischen Emirate, auch wenn keine Gewissheit über das genaue Baujahr dieser »Masjid al-Othmani« (Moschee im osmanischen Stil) herrscht. Die Meinungen von Fachleuten reichen von 1446 bis 1668. Jedenfalls ist die Architektur des nur etwa 6 x 6 m großen Bauwerks bemerkenswert. Wie flache Zipfelmützen wirken die vier zum Quadrat angeordneten Stufenkuppeln, die das Dach bilden. Sie ruhen auf den etwas über 2 m hohen Außenwänden, vor allem aber auf einer Säule in der Mitte des einzigen Raums. Der Zutritt zur Moschee ist auch Nicht-Muslimen gestattet, die aber die üblichen Kleidervorschriften beachten müssen. Der Gebetsraum selbst ist mit Teppichen ausgelegt, neben dem Mihrab, der Gebetsnische Richtung Mekka, sind in den lehmverputzten und mit einfachen Ritzornamenten verzierten Wänden einige regalartige Vertiefungen für Korane ausgespart. Meist ist der Imam anwesend. Er freut sich über interessierte Fragen und gibt gern Auskunft über seine Moschee und den Islam. Bei Bedarf können sich Frauen kostenlos eine »abaya« leihen.

Im Blickpunkt

Scheich, Emir oder Sultan?

Das Wort »sheikh« bedeutet in seiner ursprünglichen Form eigentlich nur »alter, weiser Mann« und bezeichnete die Würdenträger einer Familie oder eines Stammes. Da diese auch leitende Funktionen innehatten, entwickelte sich daraus der Titel Sheikh. Der Titel Emir leitet sich von »amara« = »befehlen« ab und bezeichnete ursprünglich einen militärischen Befehlshaber, der nach der Eroberung eines Gebietes die Funktion eines verwaltenden Gouverneurs einnehmen konnte. Neben den Vereinigten Arabischen Emiraten gibt es heute nur noch die beiden unabhängigen Emirate Qatar und Kuwait. Das arabische Wort »sultan« bedeutet u. a. »Herrschaft«. Erstmals belegt ist dieser Titel bei einer türkischstämmigen Dynastie aus dem 11. Jh. Heute existieren noch das Sultanat Oman und das Sultanat Brunei.

■ Rugaylat Rd (E99), tgl. 7–10 Uhr und außerhalb dieser Zeit, wenn das Wärterhäuschen links vom Eingang zur Moschee besetzt ist, Eintritt frei

24 Al Aqqa

Bunte, fischreiche Tauchgründe vor schroffer Bergkulisse

Nördlich der Stadt Fujairah wird es zunehmend ruhiger, zumal an einigen Stellen die roten Felsmassen des Hajar-Gebirges nah an die Küste heranrücken und dort gerade noch Platz für einen hellen Sandsaum bleibt, nicht jedoch für Felder oder gar Dörfer. Eine Ausnahme ist der kleine Ort Al Aqqa. Eigentlich würde man achtlos daran vorbeifahren, wäre da nicht dieser lang gezogene, bei den Einheimischen beliebte feinsandige Strand mit seinen Bade- und Sportmöglichkeiten. Keine 50 m davon entfernt, erhebt sich der spitze Felskegel von Snoopy Island aus dem Meer. In den relativ flachen Gewässern ringsum kommen Schnorchler und Taucher angesichts Hunderter bunter Clown- und Löwenfische geradezu ins Schwärmen. Ab und an schwimmt auch eine Schildkröte oder ein schwarzrückiger Riffhai vorbei.

Erfahrungen im Wracktauchen kann man nicht weit davon bei Inchcape I sammeln, wo das 2001 versenkte Lotsenschiff »Gray Swift 2« mit Weichkorallen zuwächst und von Fischschwärmen umtanzt wird. Zwischen den oberflächennahen Felsen von Sharm Rocks tummeln sich Füsilierfische und Makrelen. In der Nähe ermöglichen weitere Tauchplätze in Korallenriffen, Schiffs- und Autowracks Begegnungen mit Drachenköpfen, Papageien- oder Rotfeuerfischen, von Haien ganz zu schweigen. Erfahrene Taucher können bei den örtlichen Schulen in der Umgebung auch Nachttauchgänge buchen.

Restaurants

€€€ | **Baywatch Village** Fünf erstklassige Restaurants, zwei Strand- und Poolbars. Abends gibt es auf Wunsch Mondschein-Dinner am Strand; immer ein Genuss sind die frischen Meeresfrüchte. ■ Im Le Méridien Beach Resort (s. S. 120), Dibba Rd

Sport

Al Boom Diving Diverse Tauchausflüge in die Umgebung, Anfängerkurse, Upgrades und Zertifikate für Fortgeschrittene., auch Nachttauchgänge. ■ Hauptsitz in Dubai, Villa 254, 33rd St, Al Wasl Rd, Tel. 04/342 29 93, Dependance in Al Aqqa im Le Méridien Beach Resort, Dibba Rd, Tel. 09/204 49 25, www.alboomdiving.com

Sandy Beach Diving Centre Anfänger üben im Hotelpool, für Erfahrenere gibt es Ausrüstung, Kurse und Bootsausflüge: Nachttauchgänge, Wracktauchen oder Unterwasserfotografie. ■ Im Sandy Beach Hotel & Resort, Tel. 09/244 50 50, www.divesandybeach.com, So-Do 8–17, Fr, Sa 7–17 Uhr

25 Dibba

Einst Fischerdorf, heute Tauchparadies im Norden der Emirate

Die sympathische Kleinstadt zwischen den Bergen und dem Meer ist dreigeteilt: Dibba Muhallab gehört zu Fujairah, Dibba Hisn ist ein Teil von

Ein Paradies für Taucher sind die Gewässer vor Al Aqqa und Dibba

Sharjah, und Dibba Bayah liegt auf omanischem Staatsgebiet. Der Grenzposten (nicht passierbar) befindet sich aber erst etwas weiter nördlich. Zu Beginn des 7. Jh. war Dibba dank seines natürlichen Hafens ein nicht unbedeutender Handelsstützpunkt, diese Rolle übernahmen jedoch bald andere Städte wie Sohar oder Muscat (beide in Oman) und Dibba wurde zum einfachen Fischerdorf. Reisende kommen heute vor allem wegen der malerischen Felsbuchten und Sandstrände, die sich südlich und nördlich des Ortes erstrecken. Taucher und Schnorchler erfreuen sich an den fischreichen Fels- und Korallenriffen um das Kap Ras Dibba. In Dibba selbst lohnt sich ein Blick auf die Moschee, deren schlankes weißes Minarett sich nahe dem Suq ausgesprochen pittoresk vor den roten Felshängen des Hajar-Gebirges abhebt.

Sport

Bootsausflüge Im (omanischen) Hafen kann man Boote für Ausflugsfahrten zu den Riffen mieten oder sich organisierten Touren anschließen. Ein beliebtes Ziel ist Dibba Rock, wo inmitten bunter Krustenanemonen oder Peitschenkorallen unzählige Clownfische, Seepferdchen, ungewöhnliche Brunnenbauer- oder Kieferfische, Stachel- und Sandrochen umherschwirren. ■ East Coast Tourism, Rugaylat Rd, Dibba, Mobil 050/3489518, www.uaeeastcoast.com

Free Style Divers Scuba Diving und Schnorcheln. Anfänger lernen im Pool, Fortgeschrittene (REC, TEC, CCR) erkunden mit erfahrenen Guides die Unterwasserwelt vor Dibba und Musandam. ■ Im Royal Beach Hotel & Resort, Al Faqeet Area, Mobil 050/891 82 07, www.freestyledivers.me

Übernachten

Fujairah ist bei den meisten Emirate-Urlaubern eher ein Tagesausflugsziel, aber wer eine Rundreise durch das Land macht oder länger bleiben möchte, der findet in Fujairah-Stadt und an den Stränden des Emirats ebenfalls ein ausgezeichnetes Hotelangebot.

Fujairah (Stadt) 112

€€ | Al Diar Siji Hotel Elegantes Stadthotel in einem zehnstöckigen Hochhaus. Gute Wahl für Reisende, die nicht unbedingt am Meer wohnen wollen. 89 Zimmer und 19 Suiten, alle großzügig geschnitten und komfortabel ausgestattet. Pool und Sportcenter im Haus, Restaurants und Bars. ■ Hamad bin Abdullah al-Sharqi Rd, Tel. 09/223 20 00, www.aldiarhotels.com

€€ | Royal M Hotel Wer keinen Strand braucht, aber Wert auf gehobene und moderne Atmosphäre legt, der sollte sich in einem der 221 eleganten Zimmer einbuchen. ■ Hamad bin Abdullah Rd, Tel. 09/201 20 00, www.royalmhotels.com/alfujairah

€€€ | Blue Diamond Al Salam Resort Privater Strand, eigener Pool, gute Restaurants – da haben die Planer gleich ein paar mehr Zimmer angebaut. Sie werden also nicht unbedingt allein sein, das aber in entspannter Atmosphäre. ■ Corniche Rd, Tel. 09/202 70 00, www.bluebayresorts.com

Al Aqqa 118

€€ | Sandy Beach Hotel & Resort Familienfreundliches Tauchresort am hellen Sandstrand gegenüber Snoopy Island. In erster Linie Unterwassersportler mieten sich in den 28 Bungalows oder 40 Hotelzimmern ein. Restaurant mit guter, oft libanesischer Küche. Rooftop-Bar. ■ Dibba–Khor Fakkan Rd, Tel. 09/244 55 55, www.sandybm.com

€€€ | Fujairah Rotana Resort & Spa Großzügiger Garten, stilvolle Restaurants und eigener Strand mit breitem (Wasser-)Sportangebot. ■ Dibba Rd, Tel. 09/244 98 88, www.rotana.com

€€€ | Le Méridien Beach Resort Luxuriöses Strandresort an der Nordspitze Fujairahs. Alle 218 Zimmer und Suiten mit Meerblick, der 230 m lange hoteleigene Sandstrand am türkisblauen Golf von Oman ist ein Traum. Kinderclub am Pool. Großes Wassersportangebot, Touranbieter und Autoverleiher haben Filialen im Haus. ■ Dibba Rd, Tel. 09/244 90 00, www.marriott.com

Dibba 118

€€ | Royal Beach Hotel & Resort Weitläufige Hotelanlage am Meer mit Bungalows und Villen, Swimmingpool und Kid's Pool, Restaurant und Bar unmittelbar am schönen 240 m langen Sandstrand mit Blick auf den Dibba Rock. Sehr ruhige Umgebung. ■ Al Faqeet Area (ca. 7 km südl. von Dibba), Tel. 09/244 94 44, www.royalbeach.ae

ADAC *Service Dubai und Vereinigte Arabische Emirate*

Beim **ADAC Infoservice**, in den **ADAC Geschäftsstellen** sowie auf dem **Internetportal des ADAC** (adac.de) erhalten Sie Informationen zu den Dienstleistungen des Automobilclubs und zu Ihrem Reiseziel. Als **ADAC Mitglied** können Sie zudem kostenlose **ADAC TourSets®** mit vielen Reiseinfos und Karten anfordern oder die **TourSet App** auf dem **Smartphone** oder **Tablet-PC** installieren (adac.de/toursetapp).
Rufen Sie bei Notfällen und Pannen den **ADAC Notruf** bzw. den **ADAC Auslandsnotruf** an. Unser Team steht Ihnen rund um die Uhr zur Verfügung.

ADAC Infoservice

Tel. 0 800/510 11 12
Infos zu allen ADAC Leistungen
(Mo–Sa 8–20 Uhr, gebührenfrei)

ADAC Notruf Deutschland

Tel. 0 180/222 22 22
(24 Std., ca. 6 ct/Anruf, max. 42 ct/Min. aus deutschem Mobilfunknetz)

ADAC Notruf Mobil-Kurzwahl

Tel. 22 22 22
(Gebühren variieren je nach Netzbetreiber)

ADAC Auslandsnotruf

Tel. +49/89/22 22 22
(Gebühren variieren je nach Netzbetreiber und Land)

Internet-Serviceangebote des ADAC für Ihre Reiseplanung

Service	**Webadresse**
Aktuelle Verkehrslage	adac.de/verkehr
ADAC Routenplaner	adac.de/maps
Infos zu Tankstellen und Spritpreisen	adac.de/tanken
Infos zu mautpflichtigen Strecken	adac.de/maut
Infos zu Fährverbindungen	adac.de/faehren
ADAC TourMail (Aktuelle Infos vor Anreise)	adac.de/tourmail
Informationen für Camper	adac.de/camping
Informationen für Motorradfahrer	adac.de/motorrad
Informationen für Segler und Skipper	adac.de/sportschifffahrt
ADAC Reiseangebote	adacreisen.de
ADAC Autovermietung	adac.de/autovermietung
ADAC Versicherungen für den Urlaub	adac.de/versicherungen
Weltweite Preisvorteile für ADAC Mitglieder	adac.de/vorteile-international

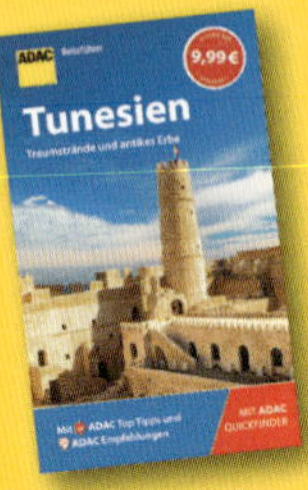

Diese **Produkte des ADAC** könnten Sie interessieren: **ADAC Reiseführer Ägypten, ADAC Reiseführer Tunesien und ADAC Reiseführer plus Marokko** – erhältlich im Buchhandel, bei den ADAC Geschäftsstellen und in unserem ADAC Online-Shop (adac.de/shop).

Anreise und Einreise

Flugzeug

Es gibt zahlreiche Direktflüge von den deutschen Flughäfen Frankfurt, Hamburg oder München, Wien in Österreich oder Zürich in der Schweiz. Neben Lufthansa bringen die emiratischen Gesellschaften von Emirates, Etihad und Air Arabia die Gäste in etwa sechs Flugstunden von Europa an die Golfküste. Die wichtigsten Flughäfen der Emirate sind Abu Dhabi, Dubai, Sharjah und Ras al-Khaimah.
Wer flexibel ist und seinen Geldbeutel schonen möchte, sollte vor allem in der Hauptreisezeit zwischen Oktober und März nach Verbindungen z. B. über die Türkei mit Turkish Airways oder via Kairo mit Egypt Air suchen. Gute Verbindungen bieten auch die Airlines benachbarter Golfstaaten an wie etwa Oman Air, Qatar Airways oder auch Gulf Air aus Bahrain.

Einreise und Dokumente

Für die Einreise in die VAE wird ein noch mindestens sechs Monate gültiger Reisepass bzw. Kinderreisepass benötigt. Deutsche, Österreicher und Schweizer erhalten das nötige Visum bei der Einreise. Für die VAE ist dieses »Visa on Arrival« kostenlos. Bei der Einreise aus Dubai in den Oman genügt für Deutsche ein Visum für Dubai, das mindestens 21 Tage gültig ist. Wer einen Israel-Stempel im Pass hat, sollte sich einen Ersatzausweis ausstellen lassen.

Auto und Straßenverkehr

Führerschein und Papiere

Man benötigt einen internationalen Führerschein und muss mindestens 21 Jahre alt sein, um in den Emiraten einen Mietwagen fahren zu dürfen, für einen Geländewagen sogar mindestens 25 Jahre!

Straßennetz und Sicherheit

Kamele stellen ein erhebliches Risiko dar und verursachen schwere Unfälle. Gehen Sie deshalb sofort runter mit der Geschwindigkeit, wenn Sie ein Höckertier am Straßenrand sehen – die Tiere sind unberechenbar!
Bei heftigen **Regenfällen** sollte Sie ebenfalls langsam fahren, die Straßen können sich in wahre Rutschbahnen verwandeln.
In den Emiraten sind viele Straßen mit **Bodenschwellen** zur Verminderung der Geschwindigkeit versehen, und man sollte es tunlichst vermeiden, zu schnell darüberzufahren, es können sonst erhebliche Schäden am Fahrzeug entstehen.

Verkehrsvorschriften

In den Emiraten wird rechts gefahren, und es herrscht **Anschnallpflicht**. Die Straßen sind in ausgezeichnetem Zustand, und die meisten Autobahnen sind nachts beleuchtet. Es gilt eine **Promillegrenze** von 0,0 Wenn Sie alkoholisiert am Steuer angetroffen werden, landen Sie im Gefängnis, im Schadensfall haben Sie zudem keinen Versicherungsschutz und müssen mit einer hohen Haftstrafe rechnen.
In den Städten und auf den Überlandstraßen gelten Geschwindigkeitsbegrenzungen, und es gibt sowohl feste als auch mobile **Radarkontrollen**! In jedem Fahrzeug warnen ab 120 km/h ein optisches und akustisches Warnsignal vor der Überschreitung der Höchstgeschwindigkeit – Sie haben also keine Ausrede!

Verkehrsschilder
Verkehrsschilder sind i.A. den europäischen ähnlich. Autobahnschilder und Wegweiser zu den Sehenswürdigkeiten sind auch in Englisch beschriftet und gut lesbar.

Offroad fahren
Wirklich brauchen werden Sie einen (teuren) Geländewagen nicht. Aber es gibt durchaus reizvolle Offroadstrecken in den Emiraten, z. B. in den Hajar-Bergen Dubais oder in den Dünen des Leeren Viertels von Abu Dhabi, weshalb alle Vermieter auch SUVs im Angebot haben, meist Toyota Landcruiser. Wichtig ist, dass man nicht zu schnell fährt, um die Kontrolle auf dem lockeren Boden nicht zu verlieren, und bei Regen nicht in den Bergen ist, denn dort können plötzliche Springfluten auftreten, die alles mitreißen, was nicht niet- und nagelfest ist! Wenn Sie eine Offroadtour planen, finden Sie in dem vor Ort erhältlichen Buch »Off-Road UAE« wertvolle Tipps wie beispielsweise Streckenbeschreibungen, GPS-Daten und Satellitenkarten. Für die Wüste gilt: Niemals allein in die Dünen fahren!

Tempolimits in den VAE

Straße	Tempolimit
Autobahn	max. 120 km/h
Landstraße	max. 100 km/h
Ortsgebiet	max. 60 km/h

Tanken
Das Tankstellennetz ist ausgezeichnet, auch in abgelegeneren Landesteilen gibt es zu zivilen Zeiten noch Sprit. In den großen Städten haben die Tankstellen meist rund um die Uhr geöffnet und es gibt kleine Supermärkte oder Restaurants nebenan. Nur Lkw fahren mit Diesel, Pkw und SUVs mit Super- oder Normalbenzin. Die Preise bewegen sich bei ca. 0,40 €/Liter!

Maut
In Dubai sind einige wichtige Brücken und Hauptverkehrswege mautpflichtig (»SALIK«-Maut). Fragen Sie bei der Übernahme des Mietwagens, ob diese Maut im Preis inkludiert ist!

Parken
In Abu Dhabi und Dubai sind Parkplätze in einigen Vierteln Mangelware, und man sollte seinen Mietwagen besser am Hotel stehen lassen, wo das Parken nichts kostet und Sie bei der Stadtbesichtigung nicht wertvolle Zeit im Stau oder auf der Suche nach einem meist kostenpflichtigen Parkplatz verlieren.

Unfall und Panne
Bei Unfällen ist immer die Polizei zu verständigen, auch bei banalen Blechschäden. Denn ohne Polizeibericht dürfen Werkstätten keine Reparaturen durchführen (eine Maßnahme gegen Unfallflucht), die Versicherungen verweigern die Zahlung und Sie können große Unannehmlichkeiten haben, wenn Sie mit einem beschädigten Auto in eine Polizeikontrolle geraten.

Notrufnummern
- Rettung 998
- Polizei 999
- Feuerwehr 997
- Küstenwache 996

Barrierefreies Reisen

Die Flughäfen der Emirate sind auf behinderte Passagiere eingestellt, und fast alle modernen (Bade-)Hotels in den Emiraten verfügen über behindertengerechte Zimmer und Serviceleistungen, bei den älteren Häusern kann es jedoch durchaus Probleme geben. Der Zugang zu diversen Museen (z. B. das Dubai Museum) und den Einkaufszentren ist kein Problem. Das Dubaier Fremdenverkehrsamt DTCM (Department of Tourism and Commerce Marketing, Tel. 600 55 55 59) gibt detaillierte Auskünfte über entsprechende Einrichtungen in den diversen Hotels.

Diplomatische Vertretungen

Die Auslandsvertretungen der jeweiligen Länder helfen in Notsituationen wie etwa dem Verlust der Reisedokumente oder bei Problemen mit örtlichen Behörden.

Deutsche Botschaft

■ Abu Dhabi, Abu Dhabi Mall/Towers at the Trade Center, Tel. 02/596 77 00, www.abu-dhabi.diplo.de

Deutsches Konsulat

■ Dubai, Jumeirah I, Street 14 A, Tel. 04/349 88 88, www.dubai.diplo.de

Österreichische Botschaft

■ Abu Dhabi, Al Reem, Sky Tower, Reem Island, Tel. 02/694 49 99, www.bmeia.gv.at

Schweizerische Botschaft

■ Abu Dhabi, Al Khaleej Al Arabi Street, Centro Capital Center Building, 17th floor, neben dem Rotana Centro Hotel, Tel. 02/627 46 36, www.eda.admin.ch/uae

Schweizerisches Konsulat

■ Dubai, World Trade Center, Sheikh Zayed Rd, Tel. 04/329 09 99, www.eda.admin.ch/dubai

Feiertage

Die staatlichen Feiertage sind fix, die religiösen Feiertage dagegen »wandern« durch das Jahr, da man sich in den VAE nach dem Mondkalender

Auch wer des Arabischen nicht mächtig ist, bekommt den richtigen Weg gewiesen

Festivals und Events

Januar

Dubai Shopping Festival (www.mydsf.ae) – Einen ganzen Monat lang günstig einkaufen, dazu werden jede Menge kulturelle Veranstaltungen geboten.

Februar

Dubai Jazz Fest (www.dubaijazzfest.com) – International renommiertes Festival mit Auftritten namhafter Musiker aus aller Welt.

März

Abu Dhabi Festival (www.abudhabifestival.ae) – Das Festival feiert an über 20 Veranstaltungsorten die Kulturen der Welt.

Sharjah Light Festival (www.sharjahlightfestival.ae) – Künstler tauchen wichtige Gebäude der Stadt mit ausgeklügelten Beleuchtungseffekten in ein neues Licht.

Dubai World Cup

Dubai World Cup (Ende März, www.dubairacingclub.com) – Eines der höchstdotierten Pferderennen der Welt auf einer der größten Pferderennbahnen der Welt.

Sharjah Biennale (ca. 3 Monate ab März, www.sharjahart.org) – In ungeraden Jahren zeigen Sharjahs Galerien der Arts Area Werke lokaler und internationaler Künstler.

April

Mirfa Beach Water Festival (www.turathuna.ae) –10 Tage langes Festival rund um den Wassersport, für Amateure wie auch Profis.

Juli

Dattelfestival (www.turathuna.ae) – 10-tägiges Festival zu Ehren der daumengroßen Frucht, die als Symbol für die zähe Lebenskraft der Beduinen und als Garant für den Wohlstand gilt.

Dezember

Sharjah World Music Festival (www.sharjahmusic.com) – Ein musikalischer Dialog der Kulturen dieser Welt, der lokale und internationale Musiker auf die Bühne bringt.

Dubai International Film Festival (https://dubaifilmfest.com) – Seit 2019 alle zwei Jahre stattfindendes, einwöchiges Festival mit Filmen auch aus Holly- und Bollywood.

Al Dhafra Camel Festival (www.turathuna.ae) – 14 Tage lang im Dezember/Januar zeigen die Beduinen der Wüste, was sie können: Gastfreundschaft, mit Kamelen und Geländewagen umgehen und Falken abrichten. Dazu gibt es traditionelle Musik und Tänze sowie einen Suq mit traditionellem Kunsthandwerk.

orientiert und dieser elf Tage kürzer ist als der gregorianische Kalender.

Staatliche Feiertage

1. Januar: Neujahr, 6. August: Scheich Zayeds Thronbesteigung, 2./3. Dezember: Nationalfeiertag anlässlich der Staatsgründung der VAE

Religiöse Feiertage

Lailat al-Miraj (Himmelfahrt des Propheten Mohammed): 22.3.2020, 11.3.2021; Maulid al-Nabi (Geburtstag des Propheten Mohammed): 29.10.2020, 18.10.2021; Fastenmonat Ramadan: 24.4.–23.5.2020, 13.4.–12.5.2021; Eid al-Fitr: (Fastenbrechen nach Ramadan): 24.–26.5.2020, 13.5.–15.5.2021; Eid al-Adha (Großes Opferfest nach Pilgermonat): 31.7.–2.8.2020, 20.–22.7.2021; Al-Hijri (islamisches Neujahr): 20.8.2020, 9.8.2021

Fotografieren

Eigentlich gebieten der Respekt und die Höflichkeit in jedem Land, den einzelnen Menschen zu fragen, ob er abgelichtet werden darf. In arabischen Ländern und somit den Emiraten gilt es, dieses Gebot jedoch besonders zu beachten, insbesondere bei Frauen. Die meisten sprechen Englisch, aber selbst Sprachbarrieren können mit einfachen Gesten überwunden werden und ein »Nein« sollte auch als ein solches akzeptiert werden. Die arabischen Herren lassen sich in der Regel gern fotografieren und stellen sich auch schon mal in Pose. Ein absolutes Kameraverbot herrscht an Flughäfen und militärischen Anlagen, und auch die Polizei möchte nicht auf Urlaubsbildern erscheinen! Speicherchips für Digitalkameras sind überall erhältlich, aufgrund der starken Sonnenstrahlung sollten UV-Filter, Pol-Filter und Teleobjektiv in Ihrer Kamera-Ausrüstung nicht fehlen. Bei Ausflügen in die Wüste leistet eine einfache Plastiktüte als Sandschutz gute Dienste.

Geld und Währung

Die Währung der VAE ist der **Dirham** (AED), unterteilt in 100 Fils. Aktuelle Kurse unter www.oanda.com oder vor Ort in der Tagespresse.

Wechselkurse

(Stand: 10/2019)

1 €	4 AED
1 CHF	3,7 AED
1 AED	0,25 €
1 AED	0,27 CHF

Kreditkarten werden fast überall (bis auf die kleinen Läden am Straßenrand) akzeptiert, und beinahe überall, wo man einkaufen kann, finden sich Geldautomaten. Mittlerweile ist es auch möglich, mit der **EC-Karte** Geld zu ziehen. Travellerschecks werden nur von Banken eingelöst, allerdings muss man mit bürokratischem Aufwand rechnen, denn Schecks sind nicht beliebt.

Kosten im Urlaub

(durchschnittliches Preisniveau)

Tasse Kaffee	4 AED
Softdrink	3 AED
Glas Bier (0,4 l)	24 AED
Glas Wein (0,2 l)	15–20 AED
Hauptgericht (Restaurant)	20–35 AED
Eintritt staatl. Museen	5 AED
Mietwagen pro Tag (Pkw / 4WD)	140 / 480 AED

Gesundheit

Bei der Einreise aus Europa sind keine Impfungen vorgeschrieben. Die medizinische Versorgung in den Emiraten ist sehr gut, es gibt sowohl staatliche Krankenhäuser als auch (teurere) Privatkliniken für alle Bereiche, und in den großen Städten finden sich deutschsprachige Ärzte, deren Adresse Sie evtl. an der Hotelrezeption, bei einem Repräsentanten Ihres Reiseveranstalters oder bei der Botschaft erfragen können. Die Notfallversorgung ist kostenlos, alles andere muss vor Ort bezahlt werden. Denken Sie daran, eine Auslandskrankenversicherung abzuschließen, mit der Sie anschließend die Quittungen für eine Erstattung einreichen können.

Apotheken

Es gibt alle gängigen Medikamente, die bisweilen sogar günstiger als in Europa sind. Nur wer auf ein besonderes Medikament angewiesen ist, sollte sich einen Vorrat davon mitnehmen. Apotheken gibt es in jedem Stadtteil oft auch in den Einkaufszentren.
Von der Mitnahme von Einwegspritzen wird abgeraten, da diese bei Grenzkontrollen zu erheblichen Problemen führen können. Von Oman kommend wird bei der Einreise in die VAE mit dem Pkw an manchen Grenzposten, z. B. südlich von Fujairah, sehr genau kontrolliert und den Grenzern unbekannte Medikamente werden bisweilen als Drogen eingestuft und beschlagnahmt.

Haustiere

Die Einreise mit einem Haustier ist nicht gestattet.

Information

Es gibt kein gemeinsames Fremdenverkehrsamt der Vereinigten Arabischen Emirate mit Vertretungen im Ausland, jedes Land ist für sein eigenes Marketing verantwortlich. Siehe dazu im jeweiligen Kapitel den Eintrag unter »Information«.

Klima und beste Reisezeit

An der Küste liegen die Temperaturen im Winter (Oktober–März) zwischen angenehmen 28 und 35 °C, im Sommer können sie auf 50 °C steigen und die Luftfeuchtigkeit klettert auf Werte von bis zu 95 %! Die beste Reisezeit sind daher die Wintermonate von (Ende) Oktober bis in den April hinein, dann ist auch das Wasser in den Hotelpools und dem Meer mit 18–20 °C erfrischend. In dieser Zeit fällt zwar auch der meiste Regen, aber es sind

Klimatabelle Dubai

Monat	Luft (°C) (min./max.)	Wasser (°C)	Sonne (Std./Tag)	Regentage
Jan.	15/21	22	8	1
Feb.	16/22	21	8	1
März	18/25	23	8	2
April	21/30	25	10	1
Mai	26/35	27	11	0
Juni	28/40	30	11	0
Juli	29/44	31	10	0
Aug.	30/42	32	10	0
Sept.	26/37	31	10	0
Okt.	24/32	30	10	0
Nov.	21/27	27	9	1
Dez.	16/23	25	9	1

vorwiegend kurze Schauer, selten regnet es länger als zwei Tage hintereinander.

Nachtleben

Das beste und abwechslungsreichste Nachtleben findet sich in Dubai mit seinen Restaurants, Bars und Nachtclubs. In Abu Dhabi ist es schon etwas eingeschränkter, in Sharjah wegen des Alkoholverbotes so gut wie nicht vorhanden. In allen anderen Städten erschöpft es sich in den Hotelbars.

Notfall

- Polizei und Ambulanz: Tel. 999
- Feuerwehr: Tel. 997
- Touristenpolizei: Tel. 800 44 38

ADAC Mitglieder können sich an den **Auslandsnotruf des ADAC** wenden: +49 89/22 22 22. Bei Bedarf werden auch Dolmetscher vermittelt.

Öffnungszeiten

Die unten genannten Zeiten sind Richtwerte. Es kann durchaus vorkommen, dass ein Geschäft auch erst um 9 oder 9.30 Uhr öffnet. Andere wie beispielsweise kleine Lebensmittelläden in den Suqs oder in den Einkaufszentren haben wiederum bis 22 oder 23 Uhr geöffnet.

Banken: Sa–Do 8–12 Uhr, Fr geschlossen, manche Bank schließt Do bereits um 11 Uhr.

Geldwechsler: wie Geschäfte

Geschäfte: Sa–Do 8/9–13, 16–20/22, Fr 9–11, 16/17–20/22 Uhr

Suqs: tgl. 8–13, 16–21 Uhr

Museen: meist Sa–Do 9–13 und 16–19 Uhr, Fr oft nur am Nachmittag. Die Hotelrezeption kann Ihnen genauere Auskünfte erteilen.

Restaurants: Die kleinen Restaurants an der Straße öffnen gegen 9 und sind durchgehend geöffnet, nur freitags ist während des Mittagsgebetes zwischen 11.30 und 12.30 Uhr geschlossen. Hotelrestaurants und Speiselokale öffnen tgl. von 11–15 und 18–24 Uhr.

Während des Fastenmonats **Ramadan** ändern sich die Zeiten. Grundsätzlich wird weniger gearbeitet, viele Firmen (z. B. lokale Reiseagenturen) beginnen um 8 Uhr und schließen gegen 14 Uhr. Die Geschäftszeiten der Einkaufszentren verschieben sich bis in die späten Nachtstunden.

Post

Es gibt ausreichend Poststellen und Briefkästen in den Emiraten. Ein normaler Brief nach Deutschland kostet 5 AED, eine Postkarte 3 AED. Nach einer Woche sind beide in Europa. Sie können Ihre Urlaubspost auch an der Hotelrezeption abgeben – dort und in den Postämtern bekommen Sie auch Briefmarken.

Rauchen und Alkohol

Rauchen ist den VAE sehr verpönt, und nur wenige Emiratis rauchen. Die »Kippe danach« im Restaurant ist verboten, und auch sonst gilt in allen öffentlichen Einrichtungen und Verkehrsmitteln ein striktes »no smoking«.

Die VAE sind ein liberales Land, und so gibt es auch **Alkohol** – allerdings nicht im Supermarkt zu kaufen, sondern nur im Ausschank lizenzierter Restaurants und internationaler Hotels. Einzige Ausnahme ist das Emirat Sharjah, wo gar kein Alkohol serviert wird. Der liberale Umgang in den anderen Emiraten hat allerdings auch scharfe Grenzen. In der Öffentlichkeit darf Alkohol nicht konsumiert werden, und wer alkoholisiert auffällt (nicht nur am Steuer!), kann verhaftet werden. Während des Fastenmonats Ramadan wird der Ausschank zudem eingeschränkt, in vielen Hotels darf Alkohol dann nur auf dem Zimmer konsumiert werden.

Sicherheit

Die Emirate sind ein sehr sicheres Reiseland. (Taschen-) **Diebstähle** kommen kaum vor und man kann sein Auto auch bedenkenlos in einer Seitenstraße parken. Dessen ungeachtet gehören Wertgegenstände besser in den Safe an der Hotelrezeption oder im Zimmer.

Alleinreisende Frauen sind in den Emiraten relativ sicher vor der sonst üblichen Anmache. Zu unliebsamen Annäherungsversuchen kann es lediglich an öffentlichen Stränden kommen (nicht durch die Einheimischen, eher durch asiatische Gastarbeiter) – dann gilt es, selbstbewusst aufzutreten. Parks und Strandclubs sind in der Regel ungefährlich, die meisten haben sogar einen »ladies day«, einen Frauentag, an dem keine Männer zugelassen sind. Für eine emiratische Frau ist das Reisen ohne einen Mann übrigens meist noch unverständlich, kommt diesem doch die Aufgabe zu, u. a. für einen reibungslosen Ablauf zu sorgen oder sich um die Umsetzung von Reisewünschen zu kümmern. Deshalb sollten alleinreisende Touristinnen bei einem persönlichen Gespräch mit emiratischen Frauen nicht auf ihre Unabhängigkeit pochen, sondern einen Familienbesuch oder geschäftliche Gründe für ihre Reise angeben, um ihr Ansehen zu wahren.

Sport

Golf

In den Emiraten kommen Golfenthusiasten voll auf ihre Kosten, denn es gibt nicht nur viele, sondern auch sehr außergewöhnliche Parcours. Wen wundert's, haben es sich doch einige Golflegenden nicht nehmen lassen, für Abu Dhabi oder Dubai einen Parcours zu entwerfen und bauen zu lassen. Einige werden von Flutlicht beschienen und es gibt für jedes Handicap Spielmöglichkeiten. Eines der schönsten Clubhäuser nennt der Dubai Creek Golf & Yacht Club sein Eigen (www.dubaigolf.com).

Surfen, Wind- und Kitesurfen

Mit seinen flachen Sandstränden und dem relativ ruhigen Wasser des Arabischen Golfs sind die VAE ein idealer und sicherer Ort für Wassersportarten aller Art, und die entsprechenden Ausrüstungsverleiher sind gleich um die Ecke, meistens in den nahen Hotels. Großer Beliebtheit erfreuen sich die schnellen Jetskis.

Trendsport

Überall wo Gäste logieren, steigt in den Emiraten das Angebot an Trend- oder Funsportarten wie Parasailing oder Kayaking, in Ras al-Khaimah etwa gibt es inzwischen die längste (und spektakulärste) Seilrutsche der Welt.

Skifahren

Ja, auch darauf muss der Emirate-Urlauber nicht verzichten: In Dubai steht eine große Schneehalle mit 30

Tonnen Neuschnee pro Tag (www.ski-dubai.com).

Strom und Steckdose

Die Stromspannung beträgt zwischen 220–250 Volt, verwendet werden dreipolige britische Steckdosen. Für europäische Stecker benötigt man einen Adapter, den Sie in den meisten Hotels an der Rezeption leihweise bekommen (manche bieten sie auch nur zum Verkauf) oder in jedem Supermarkt kaufen können. Diese Adapter verfügen zwar über drei Anschlüsse für zweipolige Eurostecker, sind dafür jedoch recht groß. Wer nur einen Anschluss benötigt, sollte nach der Kindersicherung für Steckdosen fragen, die sind flach, besser im Gepäck zu verstauen und für europäische Zweipolstecker als Adapter geeignet.

Telefon und Internet

Es gibt an jeder Ecke und in jedem Einkaufszentrum Telefonzellen, die entweder mit Telefon- oder bisweilen auch Kreditkarten »gefüttert« werden können. Die **Telefonkarten** mit verschiedenen Guthaben (30–120 AED) gibt es in Restaurants und Läden an der Straße zu kaufen. Ortsgespräche sind gebührenfrei. Die Verbindungen nach Europa sind ausgezeichnet, eine Minute nach Deutschland z. B. kostet tagsüber (7–21 Uhr) etwa 2,1 AED/Min., in der Nacht 1,3 AED/Min. Telefonieren von den internationalen Hotels ist wesentlich teurer. Erkundigen Sie sich, ob Sie auch für eine nicht zustande gekommene Verbindung (d.h. zu Hause hebt niemand ab) bezahlen müssen. Das eigene **Mobiltelefon** wird zwar auch in den Emiraten funktionieren, die Roaminggebühren sind jedoch sehr hoch. Wenn Sie keinen Kostenschock erleben möchten, deaktivieren Sie die **mobilen Daten** und nehmen Sie keine Anrufe entgegen. Informieren Sie sich aber vor der Abreise bei Ihrem Anbieter über etwaige Urlaubspakete mit Freiminuten und enthaltenem Datenvolumen. Eventuell lohnt sich die Anschaffung einer Prepaid-SIM-Karte, z. B. von der staatlichen Gesellschaft Etisalat oder dem Anbieter DU. Viele Hotels, Cafés und Restaurants bieten kostenloses **WLAN**, hier »WiFi« genannt, an. In jeder Stadt finden Sie außerdem Internetcafés. Manche dieser Lokale sind schlicht eingerichtet und nur zum Mailen oder Surfen ausgelegt, andere haben Raucherplätze und servieren Getränke und Snacks am Platz. Fast alle größeren Hotels verfügen über ein »Business Centre« mit Internetzugang.

Internationale Vorwahlen:

- Vereinigte Arabische Emirate 00 971
- Deutschland 00 49
- Österreich 00 43
- Schweiz 00 41

Toiletten

Die Toiletten in den Hotels und Restaurants entsprechen überwiegend westlichem Standard, auch die WCs an den Tankstellen im Land haben meist einen Sitz. Allerdings fehlt oft Toilettenpapier, man sollte daher sicherheitshalber eine Rolle mitnehmen.

Trinkgeld

Es ist üblich, Taxifahrern (sofern sie keine unfreiwillige Stadtrundfahrt gemacht haben), Kofferträgern (ca. 2–

4 AED pro Gepäckstück) und der Bedienung in größeren Restaurants ein Trinkgeld (ca. 10% des Rechnungsbetrags) zu geben. Die meisten »besseren« Lokale erheben automatisch eine Servicegebühr (»service charge«). Da diese jedoch selten beim Kellner landet, sollten Sie ihn bei entsprechendem Service extra entlohnen.

Trinkwasser

Das Wasser aus der Leitung ist genießbar. Es gibt überall Mineralwasser in großen und kleinen Flaschen zu kaufen. In kleineren Restaurants steht oftmals eine Plastikkaraffe mit Wasser auf dem Tisch, auch dieses ist sauber.

Umgangsformen

Höflichkeit

Die **Begrüßung** unter Männern erfolgt per Handschlag, ältere Männer spricht man mit dem Ehrentitel »ya hajj« an, weil man davon ausgehen kann, dass sie die Pilgerreise nach Mekka gemacht haben (bei Frauen »ya hajjia«).
Sie sollten Ihre Sonnenbrille abnehmen, wenn Sie jemanden begrüßen, denn wer seine Augen verhüllt, hat etwas zu verbergen. Bei Frauen ist das etwas anderes, eigentlich begrüßt man sie nicht per Handschlag und sieht ihnen auch nicht in die Augen. Wenn Sie eingeladen sind, und sei es nur zum Tee, nehmen Sie sich die Zeit, denn die Einheimischen nehmen sich auch Zeit für Sie, wenn Sie z.B. Hilfe benötigen. Die Araber verstehen nicht, warum wir immer so in Eile sind.

Gesprächsthemen

Wenn Sie zusammensitzen, gilt es, bei den Themen **Religion und Politik** etwas zurückhaltender zu sein. Schauen Sie erst mal, welche Einstellungen Ihr Gegenüber hat bevor Sie »vom Leder ziehen«. Als Atheist könnten Sie es Ihrem Gesprächspartner leichter machen, wenn Sie sich als Christ bezeichnen, denn der Glaube ist für die Emiratis essenziell. Kritik am Herrscherhaus ist nicht empfehlenswert, selbst wenn wir mit der politischen Ordnung in diesem Land nicht klarkommen.

Essen und Trinken

Im Fastenmonat **Ramadan** darf tagsüber in der Öffentlichkeit nicht gegessen, getrunken oder geraucht werden. Versuchen Sie daran zu denken, denn das Fasten ist nicht immer einfach, da muss man nicht unbedingt mit Zigarette in der Hand und Wasser trinkend provozieren. In den meisten Fällen wird man Sie höflich bitten, das zu unterlassen. Sie selbst müssen in dieser Zeit natürlich auf keine Mahlzeit in den Hotels verzichten, es kann jedoch sein dass die Speisezimmer entweder in eine höhere Etage verlegt werden – wo sie nicht so leicht einsehbar sind – oder aus dem gleichen Grund die Fenster verhüllt werden.
Dass die **linke Hand** als unrein gilt, wissen die meisten vielleicht schon. Bei einer privaten Einladung sollten Sie es tunlichst vermeiden, mit dieser Hand zu essen. Linkshänder haben es bisweilen nicht einfach, können aber darauf hinweisen, dass die linke Hand ihre »saubere« ist, oder nach Besteck fragen. In öffentlichen Restaurants gibt es meistens ohnehin Besteck.

Handeln/Feilschen

»Haben diese Menschen denn keine Kultur?« – so ähnlich lässt der syrische Schriftsteller Rafik Schami einen seiner Protagonisten fragen, als dieser hört, dass es in anderen Ländern nicht üblich ist, beim Kaufen zu feilschen. Also wird es fast von Ihnen erwartet, und wenn Sie es der Kultur zuliebe nicht tun wollen, dann denken Sie an Ihren Geldbeutel. Sie müssen auch kein schlechtes Gewissen haben, denn natürlich haben die Händler einen gewissen Spielraum eingeplant, und gerade bei größeren Summen lohnt es sich, nach einem Preisnachlass zu fragen. Betrachten Sie es einfach als Spiel und nehmen Sie es nicht zu ernst. Überlegen Sie sich vorher, wie viel das Gewünschte Ihnen wert ist, tasten Sie sich dann von unten her an Ihr Limit, und wenn es partout nicht erreicht wird, schauen Sie am nächsten Tag noch mal vorbei oder bei einem anderen Händler. Was immer hilft, ist ein Lächeln.

Kleiderordnung

Die Emiratis haben sich zwar an den Anblick der in ihren Augen knapp bekleideten Touristen gewöhnt, das gilt aber nur für die großen Städte, insbesondere Dubai. Sobald Sie einen Ausflug in abgelegenere Regionen machen, achtet man durchaus darauf, wie Sie daherkommen. Viele Touristen kümmert das nicht, man hat ja bezahlt. Das hat dazu geführt, dass in den Vereinigten Arabischen Emiraten Kleidervorschriften eingeführt wurden, auch im »liberaleren« Dubai. Badekleidung gehört an den Strand und nicht in die Einkaufszentren, wo Sie wegen der Klimaanlagen eh ziemlich frieren würden. Dass man sich den Sitten gemäß kleidet, d. h. Schultern und Knie bedeckt, hat auch etwas mit Respekt zu tun. In Sharjah achtet man etwas strenger auf die Einhaltung.

Grundsätzlich ist weite und bequeme Kleidung, z. B. aus luftigem Leinen, eine gute Idee, langärmelig muss nicht sein, Ihre Haut wird Ihnen aber für jede bedeckte Stelle dankbar sein. Achten Sie auf eine Kopfbedeckung am Strand, denn eine leichte Brise sorgt zwar generell für Kühlung, aber die Sonneneinstrahlung ist in den Emiraten um einiges kräftiger als bei uns und führt schnell zu Verbrennungen. Eine gute Sonnenbrille ist ebenfalls wichtig. Eine leichte Jacke oder Pullover ist für den Restaurantbesuch keine schlechte Idee, denn die Klimaanlagen werden oft auf »Polartemperatur« eingestellt und pusten einem mitunter kalt in den Nacken. Ein leichter Schal hilft nicht nur dagegen, Frauen können ihn auch gleich für den Besuch in einer Moschee mit einplanen, da sie dabei ihren Kopf bedecken sollen.

Die Emiratis sind stolz auf ihre Nationaltracht, die lange weiße »dishdasha«. Als Gast sollte man sie nicht unbedingt in der Öffentlichkeit tragen, und wenn, dann bitte mit Respekt. Man bekommt recht günstig welche von der Stange oder man sucht sich einen schönen Stoff aus – z. B. bei den Händlern in Bur Dubai – und lässt sich dann bei den Schneidern um die Ecke eine maßanfertigen.

Unterkunft und Hotels

Campingplätze

Wer mit dem Geländewagen unterwegs ist, kann sich an jeden schönen Fleck in den Bergen oder Wüstengebieten hinstellen. Campingplätze wie in Europa mit Wasser- und Stromversorgung oder sanitären Einrichtungen gibt es nicht.

Hotels

Die Emirate sind kein günstiges Reiseland, das merkt man spätestens bei der Suche nach einem Zwei-Sterne-Hotel, denn die gibt es kaum, und wenn, dann eher abseits der touristischen Highlights oder in lauten Stadtvierteln. Grundsätzlich sind die Stadthotels etwas günstiger als die Strandhotels und bieten bisweilen einen Shuttleservice ans Meer an.

Verkehrsmittel im Land

Mietwagen

In allen großen Städten gibt es nationale und internationale Vermietstationen. Wer ein bestimmtes Fahrzeug wünscht, reserviert besser aus dem Heimatland. Die Fahrzeuge sind in gutem Zustand, vom Gelände- bis zum Kleinwagen ist alles vorhanden. Eine Klimaanlage gehört in allen Fahrzeugen zur Grundausstattung. Werfen Sie bei der Wagenübernahme einen Blick rund um das Auto, damit Ihnen bei Rückgabe nicht bereits vorhandene Mängel in Rechnung gestellt werden. Auch ein Blick unter die Motorhaube kann nicht schaden. Im Mietpreis ist eine Kaskoversicherung mit Selbstbeteiligung enthalten, fragen Sie nach der Höhe. Diese Selbstbeteiligung kann durch eine Zusatzversicherung (CDW, »collision damage waiver«) ausgeschlossen werden. Sie sollten unbedingt eine persönliche Unfallversicherung (PAI, »personal accident insurance«, kostet ca. 10 AED/Tag) abschließen. Sollten Sie eine solche bei Buchung in Ihrem Heimatland abgeschlossen haben, fragen Sie vorher, ob diese auch in den VAE gilt. Kaputte Reifen müssen in jedem Fall ersetzt werden. Achten Sie auf ein ausreichendes Profil, gerade bei Geländewagen. Alle Autovermieter verlangen eine Kaution, üblich ist ein Abzug auf Kreditkarte. Fragen Sie nach günstigeren Wochenend- oder Langzeittarifen.

Abra

Diese kleinen Holzboote für bis zu 16 Passagiere sind die prägende Erscheinung auf dem Dubai Creek, tuckern sie doch vom frühen Morgen bis spät in die Nacht für wenige Dirham zwischen den beiden geschäftigen Ufern hin und her.

Wasserbusse

Neben den altehrwürdigen »abras« verkehren auf dem Creek auch moderne klimatisierte Wasserbusse. Sie verbinden den Creek mit einigen Abschnitten der Küste vor Jumeirah.

Bus, Metro und Tram

Die Städte Abu Dhabi und Dubai verfügen über ein innerstädtisches Busnetz, und auf mehreren Strecken verbinden Überlandbusse mit Dubai als Drehscheibe die einzelnen Emirate miteinander. In Dubai verkehren darüber hinaus zwei hochmoderne, fahrerlose Metrolinien – mit gesonderten Abteilen nur für Frauen – und entlang der Küste zwischen der Dubai Marina und dem Stadtteil Al Sufouh auch eine Tramlinie.

Taxi

Das Taxi ist für Touristen fast immer noch das schnellste und günstigste Verkehrsmittel in den Städten der VAE. Da alle Taxen mit Taxametern ausgestattet sind, ist es nicht mehr nötig, den Preis auszuhandeln. In den belebten Vierteln sind genug Taxen unterwegs, sodass man sich eines heran-

Kleines Boot auf großer Fahrt: eine »abra« unterwegs auf dem Creek in Dubai

winken kann. Ansonsten gibt es Funktaxen, deren Fahrer meist auch über bessere Englisch- und Ortskenntnisse verfügen. In Dubai verkehren spezielle Taxen nur für Frauen mit weiblichen Chauffeurinnen.

Sammeltaxi

In jeder Stadt existieren regelrechte Bahnhöfe, wo die Kombis und Kleinbusse stehen und auf Gäste warten. Ist ein Wagen voll, geht's los. Wer es eilig hat, kann auch für zwei oder drei Plätze bezahlen. Unterwegs wird, sofern Platz ist, jeder mitgenommen, der an der Straße wartet. Es gibt innerstädtische Routen und für manche Überlandverbindungen (z.B. Abu Dhabi–Dubai) Direktverbindungen, bei anderen muss man umsteigen. Die Preise sind sehr günstig und fix.

Zeitverschiebung

In den Vereinigten Arabischen Emiraten gilt die Gulf Standard Time (GST), die der Mitteleuropischen Zeit (MEZ) im Sommer wegen der europäischen Sommerzeit zwei Stunden, im Winter drei Stunden voraus ist.

Zollbestimmungen

Folgende Artikel dürfen zollfrei in die Vereinigten Arabischen Emirate eingeführt werden: Gegenstände des persönlichen Bedarfs, Parfüm in »angemessener« Menge, 2000 Zigaretten, 400 Zigarren, 2 kg Tabak, 2 l hochprozentiger Alkohol und 2 l Wein. Letzteres gilt natürlich nur für erwachsene Nicht-Muslime. Nicht eingeführt werden dürfen Waffen, Drogen und pornografische Schriften, worunter u. U. schon das freizügige Titelbild einer Zeitschrift fallen kann. Nicht ausgeführt werden dürfen Korallen, Muscheln und archäologische Artefakte. Weitere Infos zu den Bestimmungen in Ihrem Heimatland: www.zoll.de, www.bmf.gv.at und www.ezv.admin.ch/ezv/de/home.html.

Die Geschichte Dubais und der VAE

um 5000 v. Chr. Steinwerkzeuge und Pfeilspitzen belegen eine Besiedlung in der Steinzeit.

um 2300 v. Chr. Intensive Handelsbeziehungen nach Mesopotamien.

1000–300 v. Chr. Einführung von Bewässerungskanälen.

8. Jh. Julfar (heute Ras al-Khaimah) wird bedeutende Hafenstadt.

1506–08 Die Portugiesen erobern Julfar.

Mitte 18. Jh. Der Stamm der Al-Qawasim aus Sharjah und Ras al-Khaimah wehrt sich gegen das Vordringen englischer Händler und überfällt deren Schiffe. Ihr Gebiet wird deshalb als »Piratenküste« verunglimpft.

1761 Gründung der Stadt Abu Dhabi.

1793 Bau der Qasr al-Hosn in Abu Dhabi.

1819 Die Briten zerstören Ras al-Khaimah und versenken alle Schiffe.

ab 1820 Aus der »Piratenküste« wird durch mehrere Handelsabkommen die »Vertragsküste«.

1833 Maktoum bin Butti siedelt in Dubai und gründet die Dynastie der Al-Maktoum.

1902 Wegen hoher Steuern verlassen persische Händler ihre Heimat und siedeln sich dank Zollfreiheit in Dubai an. Sie nennen das Stadtviertel in Erinnerung an ihre Heimat »Bastakiya«.

1929 Japanische Zuchtperlen beenden die Perlentaucherei.

1958 In Abu Dhabi wird Öl gefunden. Rashid bin Maktoum wird Herrscher in Dubai. Er gilt als »Vater des modernen Dubai«.

1966 In Dubai sprudeln die ersten Ölquellen. Sheikh Zayed Bin Sultan al-Nahyan wird Herrscher von Abu Dhabi.

1968 Großbritannien kündigt den Rückzug aus den Gebieten östlich des Suez bis 1971 an.

3.12.1971 Gründung der VAE, das Emirat Ras al-Khaimah tritt erst im Februar 1972 bei.

1981 Die VAE sind Gründungsmitglied des Golf-Kooperationsrates.

1999 Das Luxushotel Burj al-Arab wird neues Wahrzeichen von Dubai.

2.11.2004 Tod von Sheikh Zayed, Nachfolger wird Khalifa bin Zayed al-Nahyan, der älteste seiner 19 Söhne.

4.1.2006 Tod von Sheikh Maktoum, Nachfolger wird sein jüngerer Bruder Mohammed bin Rashid al-Maktoum.

2009 Finanzkrise in Dubai, der Burj Khalifa kann nur mit finanzieller Hilfe Abu Dhabis fertiggestellt werden und trägt deshalb den Namen dessen Emirs.

2018 Im September wird das Fundament am Dubai Creek für das nächste höchste Gebäude der Welt fertig. Geplante Höhe: 1,3 km.

2020 Expo 2020 in den VAE als erstem arabischen Land, das Gastgeber der Weltausstellung ist.

Sheikh Zayed bin Sultan al-Nahyan, einer der Gründerväter der VAE

Englisch und Arabisch für die Reise

Das Wichtigste in Kürze	**Englisch**	**Aussprache Arabisch** (*weibl. Form)
Ja/Nein	*Yes/No*	*na'am/lā*
Bitte/Danke	*Please/Thank you*	*'afwan/schukran*
Hallo/Auf Wiedersehen	*Hello/Good bye*	*marhaba/ma'a s-salama*
Guten Morgen/Guten Tag	*Good morning*	*sabāh al-chair/as-salāmu 'alaikum*
Guten Abend/Gute Nacht	*Good evening/night*	*masā al-chair/laila sa'īda*
Mein Name ist …	*My name is …*	*Ismi …*
Entschuldigung!/ Es tut mir leid!	*I'm sorry/Pardon me!*	*Smah (smahi*) li/ Ana āsif (āsifa*)*
Achtung!/Vorsicht!	*Attention!/Caution!*	*Intabih!*
Ich verstehe Sie nicht.	*I don't understand you.*	*Ana la afhamuk*
Wie viel kostet das?	*How much is it?*	*Kam yukallif hadā?*
Wo sind die Toiletten?	*Where is the lavatory?*	*Aina al hammam/*
Damen/Herren	*Ladies/Gentlemen*	*al-reschala/al sitat*
geöffnet/geschlossen	*open/closed*	*maftūh/mughlaq*
gestern/heute/morgen	*yesterday/today/tomorrow*	*al-bāriha/al-yaum/al-ghad*
Wo ist …?	*Where is ...?*	*Aina …?*
Ist das der Weg nach …?	*Is this the way to …?*	*Hal hadā huwa at-tarīq ilā …?*
Nord/Süd/West/Ost	*north/south/west/east*	*schamāl/janūb/gharb /scharq*
Ich möchte …	*I would like …*	*Urīd …*
Die Rechnung, bitte!	*The bill, please!*	*Al-hisāb min fadlak (fadlik*)!*
Auto	*car*	*sayyāra*
Tankstelle	*petrol station*	*mahattat benzīn*
Super/bleifrei/Diesel	*Super/unleaded petrol/diesel*	*benzīn/chālī min ar-rasās/dīzil*
Panne	*breakdown*	*mu'attal*
Wochentage		
Montag/Dienstag	*Monday/Tuesday*	*al-iṯnain/aṯ-ṯulātā'*
Mittwoch/Donnerstag	*Wednesday/Thursday*	*al-arbi'ā/al-chamīs*
Freitag/Samstag	*Friday/Saturday*	*al-jum'a/as-sabt*
Sonntag	*Sunday*	*al-ahad*

Zahlen

0/1/2	*zero/one/two*	*sifr/wāhid/iṯnān*	9/10	*nine/ten*	*tis'a/'aschara*
3/4/5	*three/four/five*	*ṯalaṯa/arba'a/chamsa*	100	*one hundred*	*mia*
6/7/8	*six/seven/eight*	*sitta/sab'a/ṯamāniya*	1000	*one thousand*	*alf*

Hinweise zur Aussprache des Arabischen

ā, ī, ū, ē, ō	lange Vokale wie in Hahn, Miete, Huhn, Meer, Bohne
ch	wie ›ch‹ in Buch
d̲	wie das stimmhafte englische ›th‹ in the
gh	›r‹ wie in Rand
j	›dsch‹ wie in Journal
ṯ	wie das stimmlose englische ›th‹ in thing
w	wie das englische ›w‹ in wall
z	wie ›s‹ in sehr
'	stimmhafter Kehllaut, klingt wie ein aus der Kehle gepresstes ›a‹

Alle Blickpunkt-Themen in diesem Band:

Who's who in den Emiraten 37
Es ist alles Gold, was glänzt 54
Dresscode auf Arabisch 59
Die fünf Säulen des Islam 98
Scheich, Emir oder Sultan? 117

Emiratischer Honig 29
Kostbares Wasser 73
Plastiktüten Ade 87

Register

A

Abayah 59
Abra 47, 135
Abu Dhabi (Emirat) 16
Abu Dhabi (Stadt) 18
- Al Hudayriat Beach 20
- Al-Markaziyah 26
- Breakwater 21
- Capital Gate 20
- Central Market 26
- Corniche 20, 25
- Dhau-Hafen 27
- Emirates Palace Hotel 24
- Ferrari World 28
- Fischmarkt 27
- Founder's Memorial 24
- Heritage Village 21
- Insel Saadiyat 30
- Insel Yas 28
- Louvre Abu Dhabi 30
- Manarat al-Saadiyat 30
- New Souk 26
- Qasr al-Hosn 25
- Qasr al-Watan 24
- Reem Central Park 26
- Saadiyat Beach Club 30
- Saadiyat Public Beach 30
- Sheikh Zayed Grand Mosque 19
- Suq Qariyat al Beri 19
- Teppichsuq 27
- Warner Bros. World 28
- Women's Handicraft Centre 20
- World Trade Center 26
- Yas Marina Circuit 29
- Yas Waterworld 29
- Zayed Centre 25

Agal 59
Ajman (Emirat) 94
Ajman (Stadt) 96
Al Ain 32
- Al Ain Classic Cars Museum 37
- Al Ain National Museum 34
- Al Ain Oasis 34
- Al Ain Palace Museum 34
- Al Ain Zoo 35
- Al Jahili Fort 33
- Green Mubazzarah Park 36
- Hili Archaeological Park 33
- Hili Fun City 38
- Jebel Hafeet 37
- Kamelmarkt 36
- Qasr al Muwaiji 33
- Wadi Adventure 37

Al Aqqa 118
Al Dhafra Camel Festival Abu Dhabi 40
Al Hefaiyah Mountain Conservation Centre 89
Alkohol 129
Al Marjan Island 100
Anreise 123
Arabia's Wildlife Centre 88
Arcada 39
Auto 123

B

Bait Sheikh Saeed bin Hamad al-Qasimi 91
Barasti 21
Barjeel 21, 53
Barrierefreies Reisen 124
Bidiyah 116
Bidiyah Mosque 117
Bird of Prey Centre 91
Bisht 59
Bithna 115

D

Dibba 118
Diplomatische Vertretungen 125

Dishdasha 59
Dubai (Emirat) 42
Dubai (Stadt) 44
- Ain Dubai 69
- Alserkal Avenue 56
- Aquaventure Waterpark 68
- Atlantis The Palm 66
- Bastakiya 47, 53
- Bur Dubai 47
- Burj al-Arab 63
- Burj Khalifa 56
- Cayan Tower 69
- Deira 44
- Diving Village 50
- Downtown 55
- Dubai Aquarium 58
- Dubai Creek 44
- Dubai Eye 69
- Dubai Fountain 58
- Dubai Frame 54
- Dubai Marina 68
- Dubai Museum 53
- Dubai Opera 59
- Financial Centre 56
- Gewürzsuq 45
- Goldsuq 45
- Heritage Village 50
- Jumeirah 60
- Jumeirah Mosque 61
- Jumeirah Public Beach 63
- Khor Dubai 44
- Madinat Jumeirah 63
- Monorail 67
- Old Suq 51
- Palm Jumeirah 65
- Palm Jumeirah Boardwalk 67
- Saruq al-Hadid Archaeology Museum 51
- Sheikh Saeed al Maktoum House 50
- Sheikh Zayed Road 55
- Shindagha 47
- Ski Dubai 65
- Wild Wadi 64
-

Einreise 123
Emirates National Auto Museum 40
Events 126

Falkenkrankenhaus 31
Feiertage 125
Festivals 126
Flamingo Beach 106
Fotografieren 127
Freizeitparks 37, 83
Fujairah (Emirat) 110
Fujairah (Stadt) 112
- Bullenkämpfe 114
- Fujairah Fort 112
- Fujairah Museum 113
- Heritage Village 113
- Madhab Sulpheric Spring Park 114
- Sheikh Zayed Mosque 113

G

Geld 127
Gesundheit 128
Ghafiyah 59
Ghutra 59
Gold 46, 54

H

Hajar-Gebirge 71, 108, 110, 118
Handeln 132
Hatta 71
Hatta-Damm 72
Hatta Heritage Village 71
Haustiere 128
Heiße Quellen von Khatt 107
Herrscherfamilien 37
Hijab 59
Hmeen 40
Honig 29
Hotels 134
Hulayla Beach 106

I

Information 128
Internet 131
Islam 98

J

Jazirat al-Hamra 100
Jebel Jais 106
Jilbab 59

K

Kalba 90
Kamelrennbahn Al Wathba 31
Kamelrennen 31, 40, 105
Khatt 107
Khor Fakkan 91
Khor Kalba 90
Klettern 107
Klima 128

L

Leeres Viertel 39
Liwa-Oasen 39

M

Madinat Zayed 40
Masafi 108
Maut 50, 124
Meydan Racecourse 60
Mietwagen 134
Moreeb-Düne 40

N

Nachtleben 129
Notfall 129

O

Oasen 39, 107
Öffnungszeiten 129

P

Perlenfischerei 50, 83, 104
Pferderennen 60
Post 129

R

Ras al-Khaimah (Emirat) 94
Ras al-Khaimah (Stadt) 102
- Dhayah Fort 104
- Mohammed bin Salim Mosque 103
- Nationalmuseum 103
- Schifffahrtsmuseum Ahmed bin Majid 104

- Sheikh Zayed Mosque 102
- Suwaidi Pearls Farm 104

Rauchen 129
Reisezeit 128
Rub al-Khali 39

S

Sharjah Desert Park 88
Sharjah (Emirat) 76
Sharjah (Stadt) 78
- Al Mahatta 84
- Al Majaz Waterfront 83
- Al Montazah Park 83
- Al Qasba 88
- Aquarium 83
- Arts Area 79
- Bait Al Naboodah 81
- Blue Suq 82
- Classic Cars Museum 85
- Eye of the Emirates 88
- Fischsuq 82
- Heritage Area 80
- Heritage Museum 81
- Maritime Museum 83
- Museum of Islamic Civilization 78
- Science Museum 85
- Sharjah Archaeology Museum 84
- Sharjah Art Museum 79
- Sharjah Fort 79

Sheikh Khalifa bin Zayed al-Nahyan 33
Sheikh Zayed 24, 25, 32, 33, 34
Sicherheit 130
Sport 130
Strände 30, 63, 92, 97, 100, 106, 115, 118, 119
Straßenverkehr 123
Strom 131
Suq al-Juma 108

T

Tauchen 92, 106, 118, 119
Telefon 131
Thesiger, Wilfred 34
Toiletten 131
Trinkgeld 131
Trinkwasser 132

U

Übernachten 41, 74, 93, 109, 120, 133
Umbrella Beach 115
Umgangsformen 132
Umm al-Quwain (Emirat) 94
Umm al-Quwain (Stadt) 99
Unterkunft 41, 74, 93, 109, 120, 133

V

Vergnügungsparks 28, 29, 64, 68, 100
Verkehrsmittel 134

W

Wadi Masafi 108
Wadi Wurayah 110
Währung 127
Wasser 73
Wüsten 39

Z

Zeitverschiebung 135
Zollbestimmungen 135

Bildnachweis
Titel: Blick auf den Burj al-Arab vom Madinat Jumeirah
Foto: **AWL Images** (Michele Falzone)
Rücktitel: links: **Huber Images** (Susanne Kremer); rechts: **Shutterstock.com** (Zhukov Oleg)

AdobeStock: Alexey Stiop 71; xabi 119 – **AWL Images:** imageBROKER/Daniel Kreher 4/5; Karol Kozlowski 18/19, 44/55; Alan Copson 78/79 – **Getty Images:** Razvan Chisu/EyeEm 125 – **Huber Images:** Reinhard Schmid 14/15; Susanne Kremer 57 – **Laif:** Monica Gumm 8/9 – **Lookphotos:** Jürgen Stumpe 68/69 – **mauritius images:** Brian Bjeldbak/Alamy 11.1; Walter Bibikow 11.3; Iain Masterton/Alamy 75, 96; Jim Grover/Alamy 77.2; Philipus/Alamy 92; Norbert Eisele-Hein/imageBROKER 107; Hackenberg-Photo-Cologne/Alamy 108; Art Directors & TRIP/Alamy 111.3; Dallet-Alba/Alamy 111.4; Ian Masterton/age fotostock 112 – **Shutterstock.com:** Leonid Andronov 5.112.1, 32/33; agilard 5.2; Rus S 6.1; Abrar Shari 6.2; Oleg GawriloFF 6.3; Angelo Ferraris 7; S-F 9, 12.3, 144; Kertu 10.1, 65; Philip Lange 11.2, 13.1, 36, 90, 102/103, 136; trabantos 12.2, 17.1, 77.1; Maciej Matlak 13.2; Katiekk 17.2; DavidNNP 21; Andri Iskandar 24; David Steele 27; Stefan Lauk 28; Ali Suliman 31; Sergey Pergat 39; MagSpace 43.1; Sweetland Studio 43.2; wangbin6007 47; Tupungato 51; dinosmichail 52; Fedor Selivanov 54; Laborant 58, 135; Cezary Wojtkowski 61; Lukas Gojda 62; Alex Ugalek 66; Photonell_DD2017 72; Matyas Rehak 77.3; Olga Vasilyeva 82; Abie Davies 84/85, 88/89; Zhukov Oleg 86; Mo Azizi 95.1; Authentic travel 95.2; Alexey Stiop 95.4, 115; Patrik Dietrich 99, 116; Elena Serebryakova 101; Sukhanova Daria 126

Herausgeber: GRÄFE UND UNZER VERLAG GmbH, Postfach 86 03 66, 81630 München
Leitender Redakteur: Benjamin Happel
Autoren: Henning Neuschäffer, Elisabeth Schnurrer
Verlagsredaktion: Silke Tauscher (verantw.), Gernot Schnedlitz, Nadia Terbrack
Lektorat und Satz: Thomas Rach, www.bintang-berlin.de
Bildredaktion: Iris Kaczmarczyk
Schlusskorrektur: Jessika Zollickhofer
Reihengestaltung: Eva Stadler
Kartografie: Huber Kartographie GmbH, www.kartographie.de
Herstellung: Mendy Willerich
Druck: Drukarnia Dimograf Sp z o.o. (Polen)

Ansprechpartner für den Anzeigenverkauf:
KV Kommunalverlag GmbH & Co. KG, MediaCenter München,
Tel. 089/928 09 60

Bei Interesse an maßgeschneiderten B2B-Produkten:
gabriella.hoffmann@graefe-und-unzer.de

Ein Unternehmen der
GANSKE VERLAGSGRUPPE

ISBN 978-3-95689-496-1
1. Auflage 2020

Leserservice
adac@graefe-und-unzer.de
Tel. 00800/72 37 33 33 (gebührenfrei in D, A, CH)
Mo–Do 9–17 Uhr, Fr 9–16 Uhr

Aus Gründen der besseren Lesbarkeit wird in diesem Buch bei Personenbezeichnungen das generische Maskulinum verwendet. Es gilt gleichermaßen für alle Geschlechter.

Unterwegs in Dubai und den Vereinigten Arabischen Emiraten

Traditionell übers Wasser

Die Wassertaxen auf dem Dubai Creek, »abras« genannt, gehören zu den ältesten Verkehrsmitteln und bis heute zu den wichtigsten. Denn trotz Tunnel und Brücken sind sie immer noch die schnellste Verbindung – und die günstigste.

■ Details S. 47

Bequem und günstig

Das Taxi ist in den Emiraten für Reisende oftmals das leichteste Verkehrsmittel, da es grundsätzlich günstig ist und man sich keine Gedanken um Baustellen, Mautstraßen und verstopfte Straßen machen muss. In Dubai gibt es mit »Pink Taxi« sogar einen Fahrservice mit weiblichen Chauffeurinnen nur für Frauen.

■ Pink Taxi, Tel. 04/0480808, Infos auch unter www.rta.ae

Erkundung per Fahrrad

Die Emirate sind zwar kein ausgesprochenes Fahrradparadies, dazu ist es im Sommer schlicht zu heiß, aber es gibt mittlerweile sehr schöne Promenaden, die sich wunderbar mit dem Fahrrad erkunden lassen, z.B. die Corniche in Abu Dhabi.

■ Infos unter www.bikeshare.ae

Die Bahn kommt

Die Emirate haben ein massives Verkehrsproblem und suchen dessen Lösung auf der Schiene. Noch ist Dubai mit seinen drei Schienenfahrzeugen Tram, Monorail und Metro alleiniger Vorreiter, doch in Abu Dhabi liegen die ersten Stahlstränge im Wüstensand, und in naher Zukunft werden zumindest die Hauptstadt und Dubai durch eine Eisenbahn miteinander verbunden sein.